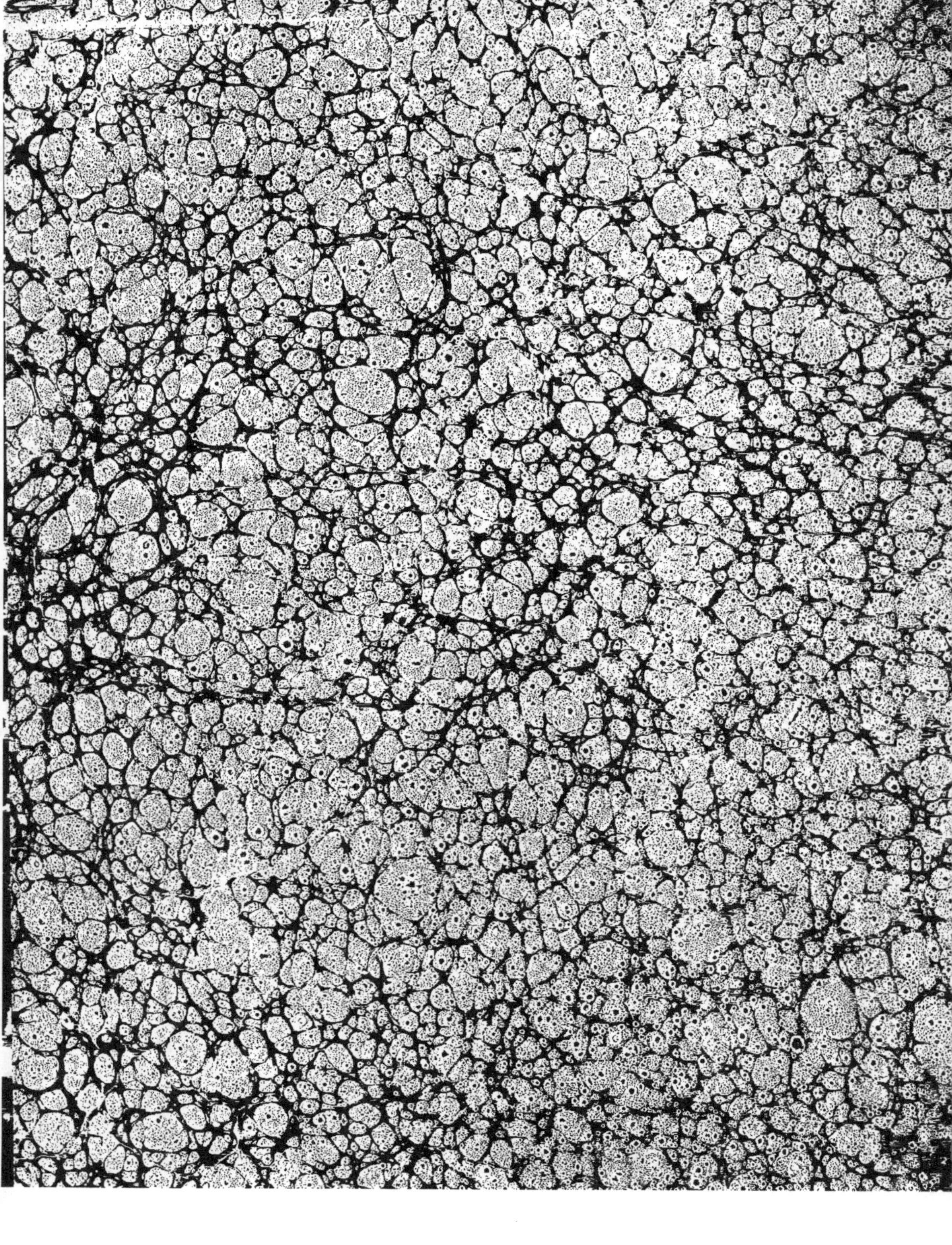

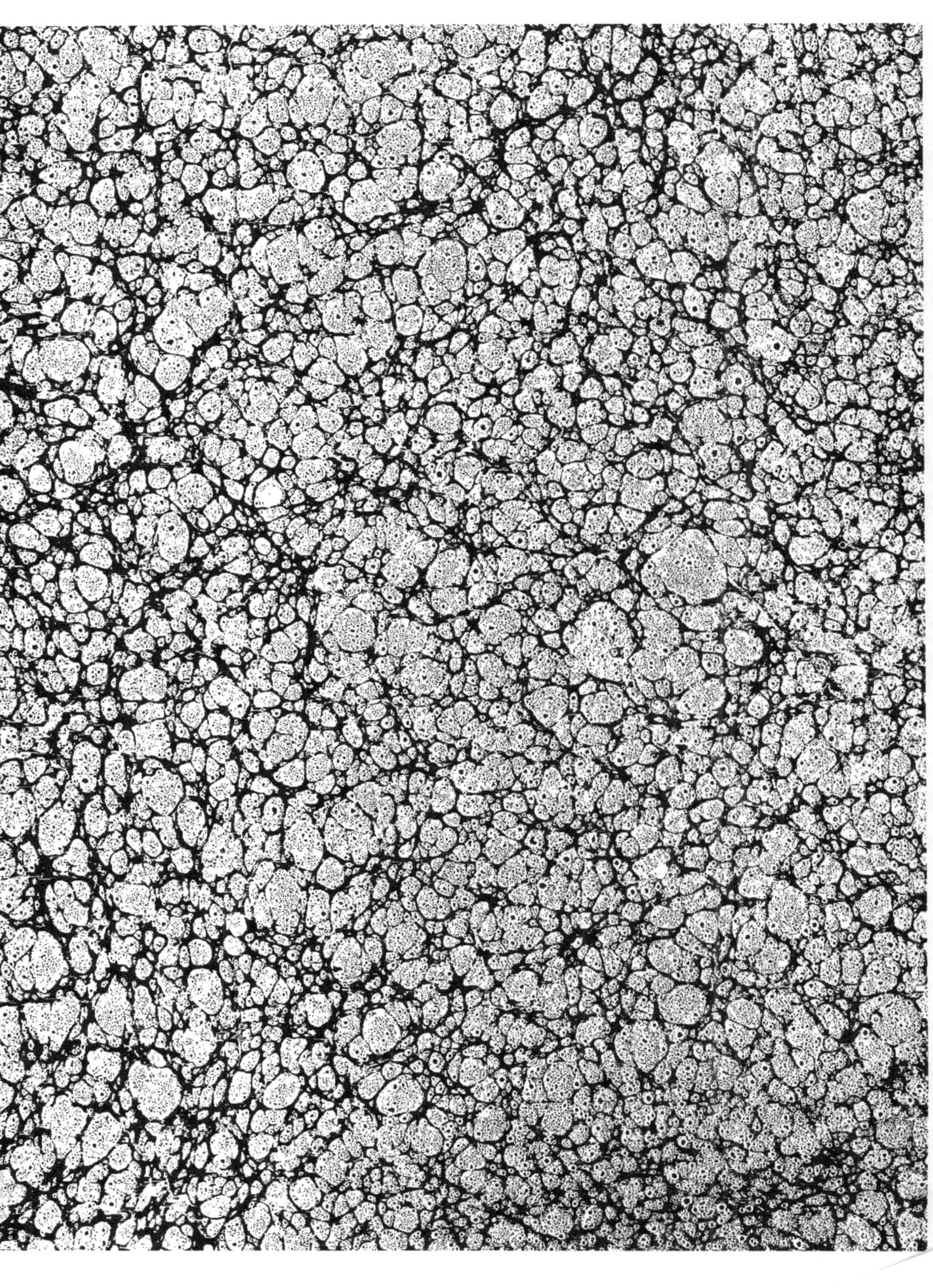

14943.

Imprimerie de H. Fournier et Cⁱᵉ, rue Saint-Benoît, 7.

RECHERCHES EXPÉRIMENTALES

SUR LES

MACHINES LOCOMOTIVES

PAR

M. GOUIN

INGÉNIEUR DU MATÉRIEL DES CHEMINS DE FER DE LA RIVE DROITE

ET

M. LE CHATELIER

INGÉNIEUR DES MINES

PARIS

LIBRAIRIE SCIENTIFIQUE-INDUSTRIELLE

De L. MATHIAS (Augustin)

QUAI MALAQUAIS, 15

1845

RECHERCHES EXPÉRIMENTALES

SUR LES

MACHINES LOCOMOTIVES.

Exposé.

En entreprenant ce travail, nous nous sommes proposé d'étudier *expérimentalement* toutes les circonstances de l'emploi de la vapeur dans les machines locomotives.

Nous avons tenté d'appliquer à la mesure des tensions variables de la vapeur dans les cylindres l'indicateur de Watt; les expériences que chacun de nous en particulier avait eu l'occasion de faire avec cet instrument sur des machines fixes, nous faisaient espérer qu'il pourrait être appliqué utilement aux machines locomotives dans les conditions ordinaires de la pratique, c'est-à-dire à des vitesses de translation de 15 à 16 mètres par seconde, correspondant à 2,5 et 3 tours des roues motrices. Avec cet instrument réduit à sa plus grande simplicité, nous avons obtenu des résultats qui, nous l'espérons, ne seront pas entièrement dépourvus d'intérêt, et que nous croyons pouvoir faire connaître dès à présent.

Nos premiers essais remontent à la fin du mois de janvier 1844 (1);

---

(1) M. Lamé, dans son rapport sur le mémoire de M. Clapeyron, relatif au règlement des tiroirs dans les cylindres des machines locomotives, lu à l'Académie des sciences le 19 février 1844, a mentionné nos premiers essais en signalant le fait de la compression de la vapeur sans liquéfaction pendant la dernière des quatre périodes qu'il a distinguées. M. Clapeyron avait annoncé dans son mémoire ce fait qui a été vérifié par les premiers diagrammes que nous avons relevés, et que nous lui avons communiqués.

nous les avons continués depuis cette époque toutes les fois que la machine qui portait nos appareils a pu être mise en service.

Disposition des appareils.

L'une des difficultés que présente l'observation de la tension variable de la vapeur dans les machines locomotives, est la nécessité de placer l'indicateur le plus près possible du cylindre, de manière à réduire à son minimum l'influence des frottements et de la condensation de la vapeur dans les tuyaux de conduite. Nous l'avons placé sur la traverse antérieure du châssis qui supporte la machine, à $0^m,90$ de distance du fond antérieur de l'un des cylindres. Un petit banc fixé en saillie sur le côté du châssis, et une poignée en fer rivée sur la paroi de la boîte à fumée, permettaient à un observateur de s'asseoir à l'avant de la machine et de manœuvrer l'indicateur de la main droite, tandis que de la main gauche il se soutenait pour résister à l'effet des secousses.

Un second observateur, placé sur la plate-forme de la machine, enregistrait les autres éléments de l'expérience.

L'indicateur se compose d'un cylindre de $0^m,011$ de diamètre, dans lequel se meut un petit piston métallique attaché à un ressort à boudin, dont la compression est exactement de $0^m,0095$ par chaque kilogramme de charge, depuis o kilogr. jusqu'à 5 kilogr. Chaque centimètre équivaut à une pression de 1 kilogr. 106 par centimètre carré.

Nous avons constaté que le ressort, pendant tout le temps qu'il a fonctionné, n'avait rien perdu de son élasticité; il appartient à un instrument que M. Combes a eu l'obligeance de nous confier et qui avait été déjà éprouvé par un long service.

A la tige du piston est fixé un porte-crayon articulé ordinaire, dont le ressort est à peine tendu. L'indicateur est couché horizontalement, perpendiculairement à l'axe de la machine, et le crayon se trouve par suite placé verticalement. Le papier, sur lequel doit être tracée la courbe des tensions, est collé sur une planche en bois de $0^m,50$ de longueur et $0^m,15$ de largeur; cette planche est portée elle-même par une barre de fer mobile sur des galets et dans des coulisses suivant une ligne

droite parallèle à l'axe de la machine. La barre coudée plusieurs fois
passe entre la roue de devant et le longeron extérieur, et vient s'atta-
cher à la tête du plongeur de la pompe alimentaire. Elle est en fer
plat, disposée de champ, et présente une section de 7,6 centimètres
carrés. Cependant elle résiste difficilement aux alternatives de mouvement rapide auxquelles elle est soumise; elle s'est brisée plusieurs
fois, et sur un grand nombre de diagrammes nous avons observé à
chaque extrémité de la courbe un allongement de 5 millim. environ.

Sur le tube qui amène la vapeur du cylindre, et près de l'indicateur,
sont embranchés deux tubes fermés à leur origine par des robinets.
Le premier communique avec la chaudière sur le dôme de prise de
vapeur ainsi qu'avec la boîte à tiroir; le second sert à purger l'eau
de condensation.

Des robinets convenablement placés permettent de mettre l'indicateur successivement en communication :

1° Avec l'atmosphère;

2° Avec le cylindre;

3° Avec la boîte du tiroir;

4° Avec la chaudière.

La tension de la vapeur, dans chacune de ces parties de la machine, peut être tracée sur le papier successivement et dans un espace
de temps très-court.

La pression, dans la chaudière, n'éprouvant pas de variation sensible
entre deux coups de piston, et la pression dans la boîte à tiroir n'en
éprouvant qu'une très-faible à chaque introduction de vapeur dans
les cylindres, nous avons pu comparer directement ces deux pressions
en plaçant l'indicateur en guise de manomètre sur un tuyau mis successivement et très-rapidement, par une manœuvre de robinets, en
communication avec ces deux parties de la machine.

Les diagrammes que nous avons tracés représentent en vraie grandeur la course du piston; ils ont été relevés lorsque le mouvement du
train était devenu uniforme; la vitesse, à ce moment, était mesurée par
l'observateur placé sur la plate-forme, qui, pour s'assurer en même
temps de l'uniformité du mouvement, comptait le nombre de tours de
roue pendant dix secondes, au moyen d'une bonne montre à seconde,

et donnait le signal de l'opération. Il relevait en outre les autres données de l'expérience, telles que : niveau de l'eau dans la chaudière, ouverture du régulateur et du tuyau d'échappement.

Ce moyen paraît en lui-même peu précis; mais, avec de l'habitude, on arrive facilement à compter le nombre de tours de roue à un demi près ; et comme ce nombre est en moyenne égal à 25 en 10″, à mesurer la vitesse à 1/50ᵉ près. Celle-ci, du reste, est trop variable pour qu'on puisse déduire de la durée du parcours entre deux poteaux kilométriques, sa valeur correspondant au tracé de chaque diagramme.

Nous avons joint à cette notice 13 diagrammes qui ont été relevés dans diverses circonstances, et que nous avons choisis comme spécimen.

L'inertie du piston et la longueur du tuyau que doit parcourir la vapeur pour arriver du cylindre à l'indicateur, lorsque la machine est lancée à de grandes vitesses, occasionne dans les indications de l'instrument un retard appréciable, quand on compare des diagrammes obtenus à grande et à petite vitesse (Voir les diagrammes 60 et 63). La détente, l'échappement et la compression de la vapeur ne se manifestent pas aussi promptement, et les inflexions sont plus arrondies dans le premier cas que dans le second ; mais l'erreur qui en résulte n'est pas suffisante pour nuire à l'exactitude des conséquences que l'on peut chercher à déduire de l'examen de ces diagrammes.

Les expériences ont été faites sur les convois ordinaires de la ligne de Versailles (rive droite), sans que rien fût changé au service, et accessoirement sur des trains de matériaux amenés à Paris des carrières de Saint-Cloud et de Nanterre.

Un diagramme était relevé entre deux stations et deux diagrammes sur une même planche.

Description de la machine.

Les expériences dont nous donnons ici les résultats ont été faites sur la machine *la Gironde*, originaire du Creusot, et reconstruite en partie dans les ateliers de la compagnie. La distribution de la vapeur a été réglée par M. Clapeyron, d'après les principes développés dans le mémoire qu'il a présenté à l'Académie des sciences. M. Clapeyron a poussé, dans *la Gironde* et dans plusieurs autres machines, la détente beaucoup plus loin qu'on ne l'avait fait jusqu'alors ; de plus, il a donné aux tiroirs un fort recouvrement intérieur, pour compenser l'échappement prématuré de la vapeur.

Les dimensions principales de cette machine sont les suivantes :

Diamètre des roues motrices.	$1^m,68$
Id. petites roues.	$1,08$
Distance des essieux extrêmes.	$3,64$
Diamètre des cylindres.	$0,38$
Course du piston.	$0,46$
Surface du piston.	1134^{cc}
Longueur de la partie cylindrique de la chaudière.	$2^m,52$
Diamètre intérieur de la chaudière.	$1,20$
Nombre des tubes.	113
Diamètre intérieur des tubes.	$0,048$
Diamètre intérieur des viroles.	$0,042$
Longueur des tubes.	$2,62$
Hauteur de la boîte à feu au-dessus de la grille.	$1^m,15$
Hauteur de la rangée inférieure des tubes au-dessus de la grille.	$0,50$
Profondeur de la boîte à feu.	$0,91$
Largeur id.	$1,18$
Section de la grille.	$1^{mc},07$
Section libre (18 barreaux).	$0^{mc},59$
Section totale des viroles dans la boîte à fumée.	$0^{mc},1492$
Diamètre de la cheminée.	$0^m,38$
Section id.	$0^{mc},1134$
Hauteur id.	$1^m,78$
Surface de chauffe directe.	$5^{mc},64$
Id. par les tubes.	$45,99$
Id. totale.	$51,63$
Capacité totale de la chaudière (par jaugeage direct avec un vase de capacité connue).	2843^{lit}

Capacité de l'espace rempli d'eau. . . . . 1770^{lit}

     Id. de vapeur (5 cent. au-dessous de la virole du tube de hauteur d'eau.). . . . 1073

Poids de la machine vide. . . . . 15200^{k}

    Id. *id.* pleine. 17000

    Id. du tender vide. 6000

    Id. *id.* plein. 10000

Diamètre intérieur du dôme de prise de vapeur (1). . . $0^{m},224$

Section libre au niveau du régulateur. . . . . . . 135^{cc}

    Id. des lumières du régulateur. . . . . 91^{cc}

Diamètre du tuyau de prise de vapeur. . . . . . $0^{m},125$

Section *id.* . . . . 122^{cc}

Diamètre des tuyaux de conduite dans la boîte à fumée. $0^{m},084$

Section *id.* . . . . 55^{cc}

Longueur des tuyaux de conduite depuis la prise de vapeur jusqu'à la boîte à tiroir. . . . . $2^{m},25$

Hauteur de la boîte à tiroir. . . . . $0^{m},105$

Longueur *id.* . . . . $0,650$

Largeur *id.* . . . . $0,320$

Capacité, déduction faite du tiroir. . . . . . . $30^{lit},6$

Longueur des lumières. . . . . $0^{m},260$

Largeur *id.* . . . . $0,030$

(1) Le dôme de prise de vapeur est à l'avant de la machine à $0^{m},40$ de la cheminée ; sa capacité est très-petite. Le tuyau de prise de vapeur a son orifice dans un plan horizontal situé à 0,30 au-dessus de la base du dôme ; son ouverture est formée par deux lumières rectangulaires de 0,188 de longueur sur $0^{m},025$ de largeur, présentant une section totale de 91 centimètres carrés. Cette ouverture est percée dans une plaque en fonte assujettie par ses deux extrémités sur la partie cylindrique du dôme ; le passage de la vapeur dans le dôme est ainsi réduit à 135 centimètres carrés.

Le régulateur est formé par un double tiroir qui ferme les deux lumières. Le tuyau de prise de vapeur sort du dôme pour rentrer presque aussitôt dans la boîte à fumée, où il se divise pour conduire la vapeur à chaque cylindre.

La vapeur, en s'échappant du cylindre, passe par une tubulure qui fait corps avec celui-ci et vient se rendre dans le tuyau d'échappement ; celui-ci est divisé jusqu'à $0^{m},60$ de hauteur au-dessus de l'axe des cylindres ; il s'engage de $0^{m},04$ dans la cheminée.

Section des lumières. . . . . 78^{cc}

Id.   rapportée à la surface du piston. $\dfrac{1}{14,5}$

Largeur de la lumière d'échappement. . . . . o^{m},105
Section   *id.*   . . . . 273^{cc}
Section de l'orifice d'échappement latéral. . . . . . 156^{cc}
Section du tuyau d'échappement à sa base. . . . . 240^{ce}
Demi-section   *id.*   . . . . . 120^{cc}
Id.   à l'extrémité de la cloison. . . . . . 96^{cc}
Section au milieu du tuyau. 124
Id. à l'orifice. 44
Rayon d'excentricité. . . . . o^{m},100
Course des tiroirs. 0,120

(Face antérieure du piston.)

Avance angulaire pour la marche en avant. . . . . 38°
Avance linéaire. . . . . o^{m},035
Recouvrement extérieur. 0,030
Id. intérieur. 0,020
Avance à contre-vapeur. 0,005
Id. l'échappement. 0,010
Course du piston pendant la détente. 0,150
Id. compression. 0,115
Liberté du cylindre. . . . . 5^{lit}

(Face postérieure du piston.)

Avance à contre-vapeur. . . . . o^{m},005
Id. l'échappement. 0,015
Course du piston pendant la détente. 0,158
Id. compression. 0,085
Liberté du cylindre. . . . . 5^{l}

Configuration des diagrammes; distribution de la vapeur.

En jetant les yeux sur les diagrammes 31, 60, 61, 62 et 63, obtenus
au départ ou en marche à faible vitesse, on remarque que l'avance à

l'admission se trouve supprimée et que l'introduction de la vapeur a lieu juste à l'instant où le piston arrive à l'extrémité de sa course, tandis qu'en faisant marcher la machine à la pince, le tiroir sans charge, on trouve une avance de 5 millim. De même pour l'avance à l'échappement, on trouve une réduction de 4 ou 5 millim.; la détente, au lieu de commencer à 0,130 de la fin de la course du piston, ne commence qu'à $0^m,110$ ou $0^m,115$ avant ce point, ainsi que nous l'avons constaté sur plusieurs diagrammes.

Cette différence entre les résultats obtenus dans ces deux circonstances est due tant au jeu des pièces qu'à la flexion et à la torsion qu'elles éprouvent.

On reproduit en partie cet effet en pressant fortement avec un levier sur le tiroir. La grande surface des tiroirs explique suffisamment un jeu semblable; la pression effective exercée sur les tiroirs de *la Gironde* est d'environ 2000 kilogr. pour chacun d'eux. Lorsque la vapeur atteint la pression de 6 kilogr. par centim. carré, le frottement du bronze sur la fonte étant égal à 22 o/o, d'après M. Morin, la tige de tiroir est soumise à un effort de traction d'environ 440 kilogr.

Cet exemple semble indiquer que l'avance à l'admission réservée par les constructeurs sert uniquement à compenser le jeu des pièces, et que les 4 à 5 millimètres généralement adoptés sont tout au plus suffisants pour atteindre ce but.

Dans les diagrammes relevés pendant la marche à grande vitesse, les effets ne sont plus aussi marqués, par suite du léger retard que présentent les indications de l'instrument. On voit quelquefois l'avance à l'échappement disparaître complétement.

Dans les diagrammes obtenus au départ des trains et à de petites vitesses, la pression dans le cylindre est constante pendant toute la période d'admission; la même remarque peut être faite pour les courbes obtenues à de grandes vitesses; il est néanmoins possible que, vers la fin de l'admission, la pression diminue sans que la trace en soit nettement indiquée par les courbes, à cause de la grande vitesse dont le piston est encore animé à cet instant.

La détente a lieu sensiblement suivant la loi de Mariotte, ainsi qu'on peut le vérifier en tenant compte de la liberté du cylindre.

Dès que l'échappement est ouvert, la pression diminue rapidement, et dès les premiers centimètres parcourus par le piston dans la marche rétrograde, elle tombe assez près de son minimum, qu'elle n'atteint cependant que vers le milieu de la course. Lorsque la vitesse de la machine et la pression de la vapeur sont un peu considérables, cette pression résistante se maintient très-élevée. Elle varie suivant diverses circonstances que nous chercherons à apprécier plus loin.

Lorsque le piston est arrivé à $0^m,105$ de l'extrémité de la course rétrograde, le tiroir ferme la lumière d'échappement, la vapeur refoulée se comprime dans l'espace libre qui reste derrière le piston et dans le conduit des lumières.

Ainsi que nous venons de le dire, la détente de la vapeur a lieu sensiblement suivant la loi de Mariotte, en raison inverse des volumes. La vapeur, en se dilatant, suit peut-être une loi plus compliquée que celle de Mariotte, à cause de la vaporisation de l'eau entraînée et du réchauffement dû aux parois du cylindre ; mais il n'en est pas moins constant qu'à $1/10$ d'atmosphère près, la loi de Mariotte nous a paru applicable à tous les résultats que nous avons obtenus, et d'une exactitude suffisante pour les besoins de la pratique.

Lorsque la pression résistante derrière le piston est très-faible, la vapeur comprimée conserve une tension inférieure à celle qui s'établit dans le cylindre pendant l'admission ; dans le cas contraire, elle lui devient égale et même supérieure ; la vapeur au premier instant de la course est alors refoulée dans la boîte à tiroir. Le dernier effet est la conséquence du grand mouvement que M. Clapeyron a donné aux tiroirs ; pour l'atténuer, il a été nécessaire d'augmenter la liberté du cylindre. Malgré cette précaution, lorsque la machine marche le régulateur fermé, soit à l'approche des stations, soit en descendant la rampe de 5 mill. qui règne d'une manière continue entre Asnières et Versailles, l'air qui remplit les cylindres se comprime, atteint une pression de 3 atm. $1/2$ environ, et soulève les tiroirs, qui sautillent sur leur siége. C'est là un des inconvénients du fort recouvrement intérieur.

Le diagramme (A) représente la tension variable de la vapeur dans le cas de la marche à contre-vapeur, à laquelle on a recours dans certaines circonstances pour arrêter plus rapidement les convois.

La vapeur n'agit pas de la même manière sur la face opposée du piston ; l'obliquité des bielles et leur peu de longueur détruisent la symétrie de la distribution ; mais lorsqu'il s'agira de mesurer le travail effectué sur cette face, il sera facile de le faire en remarquant que la pression, pendant l'admission et pendant l'échappement, doit être sensiblement égale à ce qu'elle est de l'autre côté ; pour cela, on devra, dans chaque cas particulier, en partant des données relevées sur la machine, construire de toutes pièces la courbe des tensions variables. On devra tenir compte en même temps du volume occupé par la tige du piston, qui réduit la surface, dans le rapport, de 100 à 98.

Dans la *Gironde*, ces deux effets se compensent, et le travail moteur effectué par la vapeur sur les deux faces du piston est sensiblement le même.

Comparaison de la tension de la vapeur dans la chaudière et les cylindres ; influence du régulateur.

Une des premières expériences que nous étions naturellement conduits à faire était la comparaison des tensions de la vapeur dans la chaudière et les cylindres. Le tableau suivant renferme les résultats obtenus en traçant successivement et dans un instant très-court, sur la même feuille de papier, la course des tensions variables dans le cylindre, et la ligne droite qui représente la tension de la vapeur dans la chaudière. La vapeur était prise sur le dôme à 9 centimètres au-dessus des lumières du régulateur.

Pour mesurer aussi exactement que possible les sections du régulateur indiquées dans la première colonne, et annihiler l'effet du jeu et de la torsion des pièces qui servent à la manœuvre, nous avions soin d'imprimer à la manette un mouvement de va et vient, avant de l'amener à sa position définitive. L'arc de cercle qui sert de guide à la manette du régulateur avait été gradué en centimètres carrés de l'ouverture des lumières.

TABLEAU I.

Numéros d'ordre.	Section de l'ouverture du régulateur en centimètres carrés.	Vitesses en kilomètres à l'heure.	Pressions absolues en kilogrammes par centimètre carré.		Rapport des pressions,	Observations.
			Cylindre	Chaudière.		
1	à peine ouvert	22,7	2,02	5,54	0,36	Les résultats ont été
2	*id.*	36,0	2,57	5,76	0,44	classés suivant les valeurs
3	*id.*	34,1	2,57	5,54	0,46	croissantes du rapport
4	*id.*	36,0	2,57	5,43	0,47	des pressions; l'irrégula-
5	11 c. c.	36,0	3,12	5,43	0,57	rité des nombres compris
6	9	41,7	3,12	5,43	0,57	dans la 2e colonne dé-
7	7	18,9	4,56	5,87	0,61	pend de l'incertitude de
8	9	51,2	3,45	5,65	0,61	la mesure des sections et
9	11	49,3	3,67	5,43	0,67	de l'état plus ou moins
10	18	47,4	3,33	4,99	0,67	sec de la vapeur. — La
11	15	26,5	3,94	5,87	0,67	pression dans le cylindre
12	18	47,4	3,78	5,65	0,67	est celle de la vapeur
13	21	51,2	3,84	5,73	0,67	pendant l'admission.
14	14	45,4	3,34	4,77	0,70	
15	22	49,3	4,11	5,76	0,71	
16	29	51,2	4,22	5,87	0,72	
17	25	45,4	3,39	4,44	0,76	
18	18	45,4	4,22	5,43	0,77	
19	18	45,4	4,55	5,70	0,80	
20	20	47,4	4,77	5,98	0,80	
21	29	45,4	4,33	4,99	0,86	
22	33	43,6	5,10	5,76	0,88	
23	36	43,6	5,21	5,76	0,90	
24	73	41,7	5,21	5,76	0,90	
25	»	47,4	4,55	4,99	0,91	
26	36	37,9	4,66	5,10	0,91	Vitesse moyenne 39km4
27	44	45,4	4,77	5,21	0,91	
28	54	36,0	5,32	5,87	0,91	Rapport moyen 0,91
29	47	39,8	5,43	5,90	0,92	
30	73	37,9	5,32	5,65	0,93	
31	54	26,5	5,43	5,76	0,94	

Au moyen de ce tableau et des données qui précèdent, on pourra comparer les vitesses de vapeur théoriques correspondant aux différences de pression constatées, aux vitesses déduites des volumes de vapeur dépensée.

Ce tableau montre comment la pression dans le cylindre varie avec l'ouverture du régulateur ; on voit que, dès que l'ouverture existe, quelque petite qu'elle soit, la vapeur s'écoule avec assez de vitesse pour prendre une pression égale au tiers environ de celle de la chaudière. On sait, en effet, qu'il est très-difficile, à la descente de la rampe de Versailles, de régler la dépense de vapeur, de manière à ne pas dépasser la vitesse ordinaire ; dans les circonstances favorables à la marche, par exemple, avec un vent arrière, les mécaniciens ne peuvent procéder que par ouverture et fermeture successives du régulateur.

Il existe en outre un fait bien connu des mécaniciens, c'est qu'au delà de certaines limites pour l'ouverture du régulateur, au delà de la moitié dans *la Gironde*, on n'accroît pas sensiblement la vitesse de la machine en donnant à cette ouverture des dimensions plus grandes ; les chiffres renfermés dans le tableau précédent font voir qu'en augmentant son ouverture au delà de 5o centimètres carrés, on ne rend pas sensiblement plus faible la différence des pressions. La différence de 6 à 10 pour cent qui se maintient alors, représente la pression motrice nécessaire pour produire le mouvement de la vapeur à travers la conduite fort irrégulière, et d'une assez faible section, qu'elle parcourt depuis la chaudière jusqu'au cylindre.

Nous avons constaté, et c'est du reste un fait connu, que lorsque la vapeur est chargée d'eau liquide, elle éprouve une résistance plus grande au mouvement, et dans *la Gironde*, la vapeur entraîne ordinairement une quantité d'eau très-notable ; à cet effet s'ajoute celui de la contraction dans une conduite de forme très-irrégulière, et présentant des étranglements brusques, et peut-être aussi celui de la condensation dans les cylindres.

Ces effets suffisent certainement pour expliquer une aussi faible différence de pression ; il n'est pas nécessaire de recourir, pour s'en rendre compte, à l'hypothèse émise par M. de Pambour, d'une différence entre la pression du cylindre et celle de la chaudière, dépendant de la charge tirée par la machine, et pouvant devenir très-considérable ; de supposer, en un mot, *que le piston fuit devant la vapeur, sans lui laisser le temps d'acquérir dans le cylindre toute la pression qu'elle pourrait y prendre.*

Ce n'est pas la pression de la vapeur qui se règle sur la résistance du train ; ce sont, au contraire, les résistances de toute sorte qui croissent par suite de l'accélération de vitesse, jusqu'à ce qu'elles fassent équilibre à la pression de la vapeur.

La différence de pression entre le cylindre et la chaudière doit nécessairement s'accroître avec les vitesses ; mais c'est uniquement parce que le volume de vapeur dépensée devenant plus grand, l'augmentation de vitesse qu'elle éprouve en parcourant les tuyaux de conduite exige une augmentation correspondante dans la différence de pression génératrice de cette vitesse.

Dans les circonstances de la pratique, cette augmentation dans la différence de pression ne peut affecter la pression dans le cylindre que de quelques centièmes, toutes choses égales d'ailleurs.

Pour expliquer la différence de 26 pour cent (65 à 48,5 lbs) que trouve M. de Pambour pour la machine qui lui sert de type, marchant à la vitesse de 32 kilom. à l'heure, différence que nous n'avons obtenue qu'à des vitesses de 45 kilom., et en réduisant à 25 cent. carrés la section du régulateur, nous examinerons plus tard s'il n'a pas estimé au-dessous de leur valeur plusieurs des résistances qui concourent à faire équilibre à la pression motrice de la vapeur, notamment la résistance créée derrière le piston par l'échappement, et les résistances variables avec la vitesse qui résultent du choc des roues sur les extrémités des rails, du mouvement de lacet, etc.

Différence de pression entre la chaudière et la boîte à tiroir.

Dans une seconde série d'expériences, nous avons cherché à déterminer séparément la diminution de pression qui se produit dans le trajet de la vapeur de la chaudière à la boîte des tiroirs, et de celle-ci aux cylindres.

Le premier des tableaux ci-joints donne les résultats des observations faites au moyen de l'indicateur employé comme manomètre, et placé sur un tuyau qui pouvait être mis successivement et très-rapidement en communication avec la boîte des tiroirs et la chaudière.

Les pressions ont été obtenues par lecture directe sur l'instrument ;

toutes les observations ont été faites à la vitesse ordinaire des trains de voyageurs, c'est-à-dire, à 45 kilom. à l'heure environ. Les chiffres renfermés dans la troisième et la quatrième colonne sont des moyennes ; la seconde colonne indique le nombre des observations qui ont servi à les déterminer.

TABLEAU II.

Numéros d'ordre.	Nombre des observations.	Section du régulateur.	Pressions absolues en kilogrammes par centimètre carré.		Rapport.
			Chaudière.	Boîte à tiroir.	
		c. c.	kg.	kg.	
1	9	15	3,63	2,34	0,64
2	17	25	4,31	3,44	0,80
3	18	35	4,90	4,44	0,90
4	13	55	4,19	3,98	0,951
5	10	91	4,43	4,24	0,957

Dans cette seconde série d'expériences, la machine était conduite par un mécanicien qui maintient ordinairement le niveau de l'eau très-élevé dans la chaudière ; cette circonstance a dû réagir sur les différences de pression en les exagérant sensiblement.

On voit encore ici que l'influence de l'étranglement produit par le régulateur devient sensiblement nulle, lorsque sa section atteint 5o centimètres carrés.

Différence de pression entre la boîte à tiroir et les cylindres.

Dans la même série d'expériences, nous avons relevé des diagrammes indiquant la tension de la vapeur dans le cylindre pendant l'admission, et simultanément, sa tension dans la boîte à tiroir.

Le tableau suivant donne les résultats obtenus dans les conditions ordinaires de marche de la machine.

TABLEAU III.

Numéros d'ordre.	Vitesses en kilomètres à l'heure.	Pressions absolues en kilogrammes par centimètre carré.		Rapport.	Observations.
		Boîte à tiroir.	Cylindres.		
1	49,3	4,43	3,73	0,84	
2	47,4	4,83	4,13	0,85	
3	43,6	4,33	3,73	0,86	
4	47,4	3,53	3,03	0,86	
5	45,4	4,28	3,78	0,88	
6	55,6	4,73	4,23	0,89	
7	47,4	4,53	4,08	0,90	
8	45,4	4,03	3,63	0,91	
9	45,4	4,33	3,93	0,91	
10	45,4	4,73	4,33	0,91	
11	45,4	4,43	4,08	0,92	
12	47,4	4,03	3,73	0,92	
13	49,3	3,93	3,63	0,92	
14	49,3	4,43	4,08	0,92	
15	41,7	4,63	4,33	0,93	
16	43,6	5,53	5,13	0,93	
17	45,4	4,73	4,38	0,93	
18	37,9	4,18	3,93	0,94	
19	43,6	4,68	4,38	0,94	
20	45,4	4,83	4,53	0,94	
21	53,1	3,53	3,33	0,94	La différence est de 5 p. 0/0 au maximum.
22	55,0	4,33	4,13	0,95	
Moyennes...	46,7	4,40	»	0,908	

L'entraînement plus ou moins considérable de l'eau liquide par la vapeur détermine les différences notables que l'on remarque dans la dernière colonne.

En tenant compte de la double réduction de pression qui se produit de la chaudière aux cylindres, on trouve ici, pour le cas où le régulateur est ouvert de 55 centimètres carrés, que le rapport de la pression des cylindres à celle de la chaudière est égal à 0,863, tandis que pour des ouvertures de régulateur analogues, ce rapport est égal à 0,914, dans la première série d'expériences. Indépendamment de la différence de vitesses, dont la moyenne est égale à 46,7 kilom. dans le deuxième cas, et à 39,5 kilom. dans le premier, elle résulte, en grande partie, du niveau auquel chacun des deux mécaniciens a maintenu habituellement l'eau dans la machine. On peut estimer que les résistances au passage dans les lumières du régulateur et dans les tuyaux de conduite entrent pour 1/3, et les résistances au passage dans les lumières du cylindre, pour 2/3, dans cette perte de pression.

Influence de l'eau entraînée par la vapeur sur la pression dans les cylindres.

C'est un fait généralement admis, que la vapeur chargée d'eau liquide éprouve une résistance plus grande au mouvement dans les tuyaux et à travers les orifices, que lorsqu'elle est complétement sèche. Des expériences, dont nous rapporterons ici les résultats, nous ont démontré l'importance de cette cause de résistance. Elles ont eu pour objet la détermination simultanée de la pression dans le cylindre et dans la boîte à tiroir avec un niveau d'eau très-élevé dans la chaudière.

TABLEAU IV.

Numéros d'ordre.	Vitesses en kilomètres à l'heure.	Pressions absolues en kilogrammes par centimètre carré.		Rapport des pressions.	Observations.
		Boîte à tiroir.	Cylindre.		
1	49,3	4,43	3,33	0,75	Le niveau de l'eau dépassait le sommet du tube indicateur.
2	51,2	3,23	2,43	0,75	
3	47,4	4,83	3,53	0,73	
4	47,4	4,33	3,13	0,72	
5	53,1	4,23	2,93	0,69	Le régulateur était entièrement ouvert, la machine primait considérablement ; on a dû fermer le régulateur pour ne pas briser les couvercles des cylindres.
		Chaudière.	Cylindre.		
6	37,9	4,66	2,90	0,62	

Nous avons également reconnu que l'influence de l'eau líquide se fait sentir d'une manière non moins nuisible, pour augmenter la résistance derrière le piston, pendant l'échappement.

En maintenant, au contraire, le niveau de l'eau très-bas dans la chaudière, nous sommes arrivé à rendre presque nulle la différence entre la pression de la vapeur dans la boîte à tiroir ou la chaudière et la pression dans les cylindres.

Détermination de la quantité d'eau entraînée par la vapeur.

L'activité de la vaporisation, la faible capacité du réservoir de vapeur, l'agitation de l'eau résultant du mouvement, sont autant de causes qui doivent déterminer l'entraînement par la vapeur d'une quantité très-notable d'eau liquide dans les machines locomotives. Dans la machine *la Gironde*, la petite dimension du dôme de prise de vapeur doit encore concourir à augmenter cet effet. Sa position près de la cheminée, au point où l'ébullition a le moins d'activité, tend au contraire à l'atténuer.

M. de Pambour évalue, en moyenne, à 24 pour cent la quantité d'eau entraînée par la vapeur, dans les machines sur lesquelles il a expérimenté ; les résulats que nous avons obtenus par une méthode plus directe ne s'écartent pas notablement de cette proportion.

Nous avons mesuré à chaque kilomètre la pression de la vapeur dans la boîte à tiroir, et nous en avons déduit la pression moyenne pour le trajet entier de Paris à Versailles. Cette pression a été réduite ensuite dans le rapport de 100 à 91 , conformément au résultat que nous avons trouvé pour la différence moyenne de pression entre la boîte des tiroirs et les cylindres, et nous en avons déduit le poids de vapeur qui aurait été réellement dépensé, si celle-ci avait été complétement sèche et s'il n'y avait pas eu de condensation.

Nous avons comparé ce poids hypothétique à la quantité effective d'eau dépensée, et mesurée directement dans le tender jaugé à l'avance. Nous avons tenu pareillement compte de la différence de niveau dans la chaudière au départ et à l'arrivée, en déterminant, par un jaugeage direct, le volume d'eau correspondant à chaque centimètre de hauteur du tube indicateur. Les expériences ont été faites pendant les voyages ordinaires avec arrêt à quatre ou cinq stations, et avec une vitesse d'environ 45 kilomètres à l'heure en marche. Nous devons faire remarquer, à ce sujet, que la machine cesse de fonctionner à 300 ou 400 mètres avant d'arriver à la station ; mais la pression dans les cylindres étant plus grande quand elle démarre que pendant la marche, il en résulte une sorte de compensation. Dans tous les cas, l'erreur qui peut être commise tendrait à augmenter le poids de vapeur calculé, et par suite à diminuer en apparence la quantité d'eau entraînée.

Pendant toutes les expériences, il n'y a pas eu de perte sensible de vapeur par les soupapes, et d'eau par les joints de la chaudière et du tender.

Nous avons admis, comme on le fait généralement, que la densité de la vapeur varie suivant les lois de Mariotte et de Gay-Lussac combinées. En désignant par V le volume des quatre cylindrées de vapeur dépensées par tour de roues, par D la densité de la vapeur à la pression P exprimée en kilog. par centim. carrés, le diamètre des roues étant égal à $1^m 68$, et leur développement à $5^m 277$, la longueur du chemin étant d'autre part égale à 22800 mètres, et, par suite, les roues motrices faisant, pour accomplir ce trajet, 4326 tours, le poids théorique de vapeur dépensée est égal à 4326 VD.

$$V = 143^{lit},337$$

Le poids d'un litre de vapeur à 100°, à la pression 1 kilog. 033 est égal à 0 kilog. 000588, à la pression P kilog. et la température T, il sera

$$D = 0^{kg},000588 \frac{P}{1,033} \times \frac{1,365}{1, + 0,00566T}$$

$$D = 0^{kg},000777 \frac{P}{1+0,00365T}$$

Le poids de vapeur théorique dépensée pendant le trajet comple est donc égal à

$$479^k,16 \frac{P}{1+0,00365T}$$

Le tableau suivant donne le résultat de six expériences faites dans les conditions indiquées plus haut.

TABLEAU V.

Date de l'expérience.	Pression moyenne absolue.		Poids d'eau dépensée.		Rapport.	Observations.
	Observée.	Réduite.	Théorique.	Effectif.		
19 juillet.	3,87	3,52	1120	1290	0,86	
25 —	3,73	3,40	1087	1290	0,85	
31 —	4,45	4,05	1277	1530	0,84	
31 —	4,22	3,84	1211	1470	0,83	
3 août.	4,32	3,93	1240	1620	0,77	La machine a primé au départ et pendant une partie du trajet.
3 —	4,45	4,05	1277	1620	0,80	
Moyenne....					0,852	

Dans ces six expériences, la proportion d'eau entraînée par la vapeur, ou plus exactement, d'eau dépensée en sus de la consommation théorique, est égale à 18 pour cent, chiffre qu'on doit considérer comme un minimum.

Dans une série d'expériences faites sur la machine locomotive à détente variable *Mulhouse*, par l'un de nous, comme membre d'une commission instituée par M. le ministre des travaux publics, il a été constaté des différences encore plus considérables. Nous avons appliqué à ces expériences le même mode de comparaison que pour la *Gironde*, toutefois sans faire supporter une réduction à la pression observée dans la chaudière. Le nombre de tours de roues motrices a été mesuré directement à l'aide d'un compteur dont les indications ont toujours été d'accord avec le parcours réel. Le régulateur a toujours été ouvert entièrement à la remonte de la rampe de 4 millim. (ligne de Versailles, rive gauche). La pression et le degré de détente ont été notés avec soin à chaque kilomètre. L'eau consommée a été mesurée aussi exactement que possible à chaque voyage.

Pour calculer le poids théorique de vapeur dépensée, nous avons pris la moyenne des pressions observées à chaque kilomètre, et la moyenne des volumes de vapeur indiqués par l'observation du point de détente également à chaque kilomètre ; à la rigueur, il eût été nécessaire, à cause de la présence du dénominateur $1+0,00365\,T$, de faire le calcul pour chaque kilomètre et de prendre ensuite la moyenne ; mais ce nombre, ainsi que la pression, ne varie que très-peu ; l'on peut sans inconvénient procéder comme nous l'avons fait, surtout lorsqu'il s'agit de résultats approximatifs dont on ne peut tirer de conclusions que lorsqu'elles sont nettement accusées.

Le tableau ci-joint donne tous les éléments de ces expériences et leur comparaison.

TABLEAU VI.

Date des expériences.	Poids en tonnes remor-quées.	Parcours total en tours de roue.	Vitesse maximum en marche.	Vaporisa-tion par heure.	Volume moyen de vapeur dépensée par tour de roue.	Pression moyenne en kilog. par centim. carré.	Poids théorique de vapeur dépensée.	Poids effectif d'eau consomm.	Rapport.
			km.	kg.	litr.	k.	kg.	kg.	
27 novembre.	30	14180	46,28	2265	75,76	4,08	2230	4410	0,50
28 —	60	id.	40,46	2292	96,84	4,05	2814	5422	0,52
29 —	90	id.	32,96	·2288	116,08	4,31	3600	6540	0,55
30 nº 2.	48	2836	56,00	3453	123,64	4,21	750	1295	0,58
30 nº 3.	72	2836	46,00	3093	123,64	4,36	776	1315	0,59
30 nº 4.	94	id.	40,00	3390	147,68	4,47	946	1695	0,56
30 nº 5.	108	id.	38,20	3082	154,48	4,38	971	1550	0,62

On peut partager ces expériences en deux catégories : la première, comprenant celles des 27, 28, 29 novembre, dans lesquelles la vaporisation par heure a été moyennement de 2282 kilog., et le rapport entre la dépense théorique et la dépense effective, de 0,523 ; la deuxième, comprenant celles du 30 novembre, dans lesquelles la vaporisation s'est élevée à 3339 kilog., soit environ 50 pour cent en sus, et dans lesquelles le rapport des consommations a été moyennement égal à 0,587.

Une expérience analogue, faite sur le chemin d'Orléans, a donné une vaporisation par heure de 2163 kilog., et un rapport de 0,63. Dans cette expérience, le mécanicien a maintenu le régulateur fermé à moitié ou aux deux tiers, pendant environ la moitié du trajet, pour modérer la vitesse. S'il avait été possible de tenir compte de la différence de pression qui a dû en résulter, on aurait encore trouvé un rapport qui se serait peu écarté des précédents. La machine *Mulhouse* fournit donc l'exemple d'une locomotive qui, dans les circonstances ordinaires de son service, donne une différence de 40 pour cent au moins entre la dépense théorique et la dépense effective d'eau.

Comparaison des pressions motrices et résistantes sur le piston.

La vapeur, après avoir développé son effet moteur en pressant sur le piston, s'échappe lorsqu'il est arrivé à la fin de sa course et pendant son mouvement rétrograde. Comme l'échappement ne peut pas être instantané, elle continue à exercer sur le piston une pression d'une valeur très-importante.

La pression résistante totale de la vapeur derrière le piston résulte, 1° de la résistance au mouvement qu'elle éprouve dans les lumières et dans le tuyau d'échappement ; 2° de la compression produite par l'avance du tiroir et le recouvrement ; 3° de la pression de l'atmosphère dans laquelle s'échappe la vapeur.

Nous examinerons plus loin l'effet de la compression de la vapeur, qui est très-important dans le système de distribution adopté par M. Clapeyron. Nous ferons remarquer seulement qu'il ne dépend pas seulement des dimensions données aux différents éléments du tiroir et des cylindres, mais encore de la pression résistante due à l'échappement, qui lui sert de départ. Il est évident, en effet, que la pression variable de la vapeur comprimée sera d'autant plus grande à chaque instant que la pression initiale sera elle-même plus considérable, et, par suite, que le travail résistant développé sur le piston croîtra en même temps ; en d'autres termes, et cela résulte de l'inspection des diagrammes , l'aire résistante décrite pendant la période de la compression, sera d'autant plus grande que la pression pendant l'échappement se sera maintenue plus élevée.

La pression résistante, due à la nature et aux dimensions des orifices et tuyaux par lesquels la vapeur s'échappe, est très-considérable, beaucoup plus grande que n'auraient pu le faire supposer les calculs des observateurs qui ont traité cette question et qui n'ont tenu compte que du tuyau d'échappement, sans avoir égard aux résistances créées par le passage de la vapeur à travers les lumières.

Nous avons vu plus haut que pour passer de la boîte des tiroirs aux cylindres, dans les circonstances ordinaires de la marche, la vapeur à la pression moyenne absolue de 4 kil. 40 par centimètre carré, éprouvait une réduction de 10 pour cent dans sa tension, soit environ une demi-atmosphère ; il se passe certainement quelque chose d'analogue pendant l'échappement : la résistance que la vapeur éprouve dans le passage des lumières, pour arriver à la base du tuyau d'échappement, doit nécessairement déterminer l'existence d'une différence de pression motrice.

La différence due spécialement au tuyau d'échappement dépend de la forme de cette conduite, de la section de son orifice et de ses différentes parties.

Il est évident qu'en agrandissant l'orifice, on doit diminuer la pression de la vapeur qui s'écoule, et soulager d'autant le piston ; le succès avec lequel on a appliqué des tuyères à section variable aux machines locomotives a fait voir l'importance de cet effet. Nous l'avons également constaté par quelques expériences préliminaires. Nous chercherons plus tard, par une série d'expériences spéciales, si nous pouvons reprendre le cours de ces études, à déterminer l'influence de la section de la tuyère. Nous devons nous contenter, quant à présent, de donner un tableau renfermant les données numériques des diagrammes que nous avons relevés, avant le remplacement du tuyau d'échappement fixe par un tuyau d'échappement variable.

TABLEAU VII.

Numéros des diagrammes.	Date des expériences.	Nombre de tours de roue par seconde.	Vitesses en kilomètres à l'heure.	Pressions absolues en kilogrammes par cent. carré.		Press. moyennes absolues en kilog. par cent. carré.		Pression motrice utile.	Rapport des pressions résistante et motrice.	Observations.
				Constante pendant l'admiss.	Minimum pendant l'échapp.	Motrice.	Résistante			
1	25 févr.	1,6	31,0	5,87	1,58	5,69	2,49	3,20	0.44	Diamètre du tuyau d'échapp. 0m070,
2	27	2,0	37,9	4,39	1,47	4,30	1,74	2,56	0,40	
3	27	2,9	55,1	5,21	2,24	4,78	2,46	2,32	0,51	
4	3 mars.	2,0	37,9	5,65	1,69	5,52	2,21	3,31	0,40	
5	3	2,1	39,8	5,76	1,58	5,64	2,18	3,46	0,39	
6	3	2,4	45,4	4,43	1,69	4.30	2,03	2,27	0,47	
7	9	«	»	5,63	0,00	5,41	»	»	»	
8	9	2,4	45,4	5,87	2,23	5,56	2,51	3,05	0,45	
9	9	2,3	43,6	4,39	1,91	4,18	2,01	2,17	0,48	
10	15	2,4	45,4	3,34	1,70	3,28	1,83	1,45	0,56	
11	15	2,5	47,4	3,78	1,69	3,61	1,83	1,78	0,50	
12	15	2,5	47,4	3,33	1,58	3,25	1,75	1,50	0,54	
13	15	2,7	51,2	3,84	1,69	3,69	1,89	1,80	0,51	
14	16	2,2	41,7	3,12	1,52	3,01	1,70	1,31	0,56	
15	16	2,4	45,4	3,39	1,63	3,35	1,85	1,50	0,55	
16	16	2,7	51,2	3,45	1,58	3,38	1,76	1,62	0,52	
17	16	2,4	45,4	4,22	1,74	4,10	1,95	2,25	0,48	
18	16	2,2	41,7	4,22	1,75	4,04	1,88	2,16	0,46	
19	16	2,5	47,4	4,77	1,91	4,56	2,20	2,36	0 48	
20	16	2,0	37,9	4,33	1,74	4,10	2,04	2,06	0,50	
21	16	2,3	43,6	3,12	1,58	2,98	1,75	1,23	0,58	
22	19	2,4	45,4	4,55	1,91	4,45	2,21	2,24	0,49	Diamètre du tuyau d'échapp. 0m075,
23	19	2,7	51.2	4,22	1,99	4,17	2,38	1,79	0,57	
24	19	2,6	49,3	3,67	1,63	3,61	1,94	1,67	0,53	
25	19	2,6	49,3	4,11	1,80	3,94	2,16	1,88	0,55	
26	19	2,4	45,4	4,33	1,88	4,27	2,31	1,96	0,54	
27	19	1,9	36,0	3,12	1,36	3,08	1,69	1,39	0,54	
28	20	2,4	45,4	4,77	1,80	4,54	2,11	2,43	0,46	
29	20	2,0	37,9	4.66	1,69	4,27	2,14	2,13	0,50	
30	20	1,4	26,5	3.94	1,36	3,64	1,78	1,86	0,49	
31	20	1,0	18,9	3,56	1,20	3,28	1,47	1,91	0,43	
32	29	2,2	41,7	5,43	1,86	5,16	2,51	2,51	0,49	
33	29	2,1	39,8	4,44	1,69	4,20	2,02	2,18	0,48	
34	29	2,2	41,7	5,48	2,02	5,29	2,52	2,77	0,48	
35	29	1,2	22,7	2,02	1,03	1,92	1,17	0,75	0,61	Machine à vide.
36	29	1,8	34,1	2,57	1,19	2,52	1,41	1,11	0,56	
37	4 avril.	2,2	41,7	»	»	4,06	1,84	2,22	0,45	
38	4	2,4	45,4	»	»	4,68	2,26	2,42	0,48	
39	4	2,4	45,4	»	»	4,47	2,14	2,33	0,48	
40	4	2,4	45,4	»	»	3,34	1,86	1,48	0,55	
41	4	2,3	43,6	»	»	4,51	2,08	2,43	0,46	
42	14	1,9	36,0	5,32	1,96	5,09	2,38	2,71	0,46	
43	14	2,0	37,9	5,32	1,96	5,18	2,61	2,57	0,50	
44	14	2,3	43,6	»	»	4,96	2,56	2,40	0,52	
45	14	2,0	37,9	»	»	4,67	2,14	2,53	0,46	
46	14	2,5	47,4	»	»	4,11	2.23	1,88	0,54	
47	14	2,3	43,6	»	»	4,97	2,40	2,57	0,48	
48	14	2,1	39,8	»	»	5,11	2,50	2,61	0,47	
49	14	2,2	41,7	»	»	5,08	2,35	2,63	0,52	
50	20	2,4	45,4	»	»	3,30	1,76	1,54	0,53	
51	20	2,4	45,4	»	»	4,15	2,16	1,99	0,52	

La pression de la vapeur derrière le piston, dépendant de la pression initiale de la vapeur admise, de la vitesse de la marche et de la proportion d'eau entraînée, on conçoit qu'il soit difficile d'établir une relation simple entre elle et ces divers éléments; toutefois nous avons tâché, pour fixer les idées, de rechercher un rapport empirique applicable seulement à cette machine. C'est ainsi que nous avons été amené à comparer les pressions absolues moyennes, *motrice* et *résistante*. En laissant de côté les expériences faites à de très-petites vitesses, nous avons trouvé que le rapport de ces deux pressions (depuis le 19 mars) était sensiblement égal à 1/2 (0,501), ou en d'autres termes qu'il n'y avait que la moitié de la pression moyenne absolue de la vapeur qui se trouvait utilisée, le reste étant détruit par l'ensemble des résistances que nous avons indiquées.

Le tableau qui précède fait voir, du reste, combien la pression résistante peut varier dans des circonstances en apparence semblables. Nous rappellerons ici que ces résultats ne se rapportent qu'à la machine *la Gironde*, et que nous n'entendons nullement les donner comme applicables à d'autres machines, surtout en ce qui concerne le coefficient de la résistance totale créée derrière le piston.

L'augmentation de résistance qu'éprouve la vapeur à s'échapper, lorsqu'elle est accompagnée d'eau liquide, nous avait frappé dans plusieurs circonstances; nous avons eu l'occasion de vérifier cet effet dans les expériences spéciales dont les éléments nous ont déjà servi à faire apprécier la même influence dans le passage de la chaudière aux cylindres. Mais ces résultats étant compliqués de l'effet d'un tuyau d'échappement à orifice variable d'une forme particulière, il serait difficile de les comparer à ceux que nous avons obtenus avec le tuyau d'échappement fixe; nous nous contenterons de signaler le fait.

Suppression du recouvrement intérieur.

M. Clapeyron, en réglant la distribution de *la Gironde*, a donné au recouvrement intérieur une largeur de 20 millim. Il résulte de ce recouvrement et de l'avance angulaire de l'excentrique que l'échappement devrait être entièrement supprimé à 11°,5 avant la fin de la course et qu'il l'est en réalité à 10°,5 environ par suite du jeu des pièces.

La vapeur se comprime derrière le piston dans l'espace libre dont la capacité est égale à 5 litres ; sa tension finale dépasse souvent la tension qu'elle conserve pendant l'admission, mais généralement d'une quantité assez faible, de telle sorte que l'effet de la compression se borne à remplir exactement de vapeur, à une pression suffisante, l'espace libre du cylindre et à réduire le volume dépensé à celui qui est engendré par la course du piston ; cet espace libre est du reste réglé lui-même sur l'étendue de la période de compression et plus grand dans *la Gironde* que dans les autres machines.

Dans ce mode de règlement le recouvrement intérieur ne peut avoir d'autre but que d'empêcher un échappement prématuré avant la fin de la course du piston, et de faire en sorte que l'espace libre se trouve complétement rempli de vapeur, sans qu'il soit pour cela nécessaire d'en emprunter à la chaudière au moment où le piston va recommencer sa course. D'autres constructeurs ont pensé qu'il importait, au contraire, de donner une grande avance à l'échappement pour dégager plus promptement le piston de la vapeur qui produit une résistance notable, pendant son mouvement rétrograde. Cette disposition devait avoir en même temps pour effet de faire ouvrir l'échappement plus près du point où le tiroir est animé de la vitesse maximum ; par suite, de faire démasquer plus rapidement les lumières, et de produire un échappement plus brusque, favorable à la prompte évacuation de la vapeur et au tirage dans la cheminée. Dans les machines du chemin de Rouen, par exemple, l'avance à l'échappement est porté à 3°,4, le recouvrement intérieur étant réduit à 1^{mm}.

Nous nous sommes proposé de comparer les deux systèmes.

Nous avons fait couper le recouvrement intérieur de 15^{mm}, et les diagrammes relevés avec l'indicateur ont pris la forme marquée par les n°s 60, 61, 62.

L'avance effective à l'échappement, déduction faite du jeu des pièces, a été portée à 25^{mm}, et la compression réduite à 53^{mm} de la course du piston.

Dans les courbes relevées en démarrant, et par conséquent à de très-petites vitesses, la pression tombe rapidement dès que l'échappement commence. A de grandes vitesses la diminution de pression est bien moins rapide, et la surface représentant le travail moteur de la vapeur n'éprouve pas de ce fait une diminution très-notable. La pression résultante finale, qui reste sensiblement constante pendant une grande partie de la course rétrograde, s'établit plus promptement; enfin la compression commençant plus tard, l'aire résistante qui lui correspond se trouve très-sensiblement réduite.

Nous avons obtenu une amélioration sensible dans la marche de la machine et dans la valeur de la résistance derrière le piston.

Les diagrammes relevés dans ces nouvelles conditions nous ont fourni les éléments du tableau suivant :

TABLEAU VIII.

Numéros des diagrammes.	Date des expériences.	Nombre de tours de roue par seconde.	Vitesse en kilomètres à l'heure.	Pressions moyennes absolues en kilogrammes par centimètre carré.		Pression motrice utile.	Rapports des pressions résistante et motrice.
				Motrice.	Résistante.		
58	28 mai.	3,2	60,7	4,10	2,02	2,08	0,49
59	»	2,7	51,2	4,66	2,09	2,57	0,44
60	»	2,6	49,3	4,46	2,23	2,23	0,50
61	»	2,3	43,6	5,30	2,56	2,74	0,48
62	»	2,0	37,9	5,29	2,30	2,99	0,43
63	»	2,0	37,9	3,48	1,67	1,81	0,48
64	5 juin.	2,4	45,4	4,04	1,86	2,18	0,46
65	»	2,7	51,2	3,62	1,68	1,94	0,46
66	»	2,5	47,4	3,85	1,74	2,11	0,45
67	»	2,5	47,4	3,46	1,66	1,80	0,48
68	20 juin.	2,0	37,9	4,30	2,12	2,18	0,49
69	»	2,3	43,6	3,39	1,72	1,67	0,50
70	»	2,5	47,4	4,39	2,14	2,25	0,49

Dans cette série d'expériences on peut remarquer que le rapport des deux pressions est tombé moyennement à 47,3 p. o/o, ce qui indique une réduction sensible de la résistance et une augmentation correspondante dans l'effet utile de la vapeur.

Ce premier résultat constaté, nous avons dû chercher, par des mesures de consommation d'eau et de coke, à nous rendre compte pratiquement de l'effet produit par la suppression du recouvrement antérieur; nous n'avons pas trouvé d'amélioration sensible pour les consommations, ce qui s'explique par la disproportion, qui résultait de cette modification, entre la durée de la période de compression et la capacité de l'espace libre, que nous n'avions pas pu diminuer en même temps. Nous avons répété ces essais sur plusieurs machines, la suppression du recouvrement antérieur n'a pas produit d'économie apparente de combustible; mais les machines ont gagné des avantages d'un autre ordre : le tirage est devenu plus actif, la marche est devenue plus facile, et les mécaniciens en ont profité pour marcher plus vite et gagner plus souvent la prime d'arrivée à l'heure. Il serait du reste inutile d'insister plus longuement sur cette question jugée en faveur de l'avance à l'échappement dans les constructions les plus récentes.

De la puissance dynamique des machines locomotives.

Les diagrammes que nous avons obtenus nous ont permis de nous rendre un compte exact de la puissance des machines locomotives, que l'on estime généralement beaucoup au-dessous de sa valeur. Cette puissance est essentiellement variable, suivant la volonté du mécanicien et suivant les besoins du service; son maximum est donc seul intéressant à connaître.

En construisant de toutes pièces les diagrammes qui correspondraient à la face postérieure du piston, en tenant compte des différences produites par l'inégalité de la distribution et par la réduction de section occasionnée par la tige du piston, nous avons trouvé, ainsi que nous l'avons déjà fait remarquer, qu'il y avait sensiblement égalité pour la valeur du travail moteur de la vapeur sur les deux faces du piston. En désignant donc par n le nombre des tours de roue par seconde, par Σ l'aire utile des diagrammes exprimée en centimètres carrés, la surface du piston étant égale à 1134 centimètres carrés, et 1 centimètre de course du piston de l'indicateur correspondant à une pression de

$1^k,106$ par centimètre carré, on a pour l'expression en *chevaux-vapeur* du travail utile de la vapeur sur les pistons,

$$\frac{4\,n.\,1134}{75}\,\frac{\Sigma}{100}\,(1.106)=(0,669)\,n\,\Sigma$$

On peut introduire dans cette expression les pressions motrices et résistantes moyennes P et p; elle devient alors $(30,774)\,n\,(P-p)$.

En appliquant cette formule à quelques-unes des expériences comprises dans le tableau n° VII, on arrive aux résultats suivants :

TABLEAU IX.

Numéros des diagrammes.	Vitesses en kilomètres à l'heure.	Pression motrice utile.	Travail moteur utile sur les pistons.	Observations.
		kg.	chevaux.	
1	31,0	3,20	160,5	
2	37,9	2,56	157,5	
3	55,1	2,32	207,0	
4	37,9	3,31	203,7	
5	39,8	3,46	224,2	Pression sur le piston 5,64.
8	45,4	3,05	225,2	— — 5,56.
19	47,4	2,36	181,5	
28	45,4	2,43	179,4	
32	41,7	2,51	169,9	
34	41,7	2,77	187,5	
47	43,6	2,57	181,9	
49	41,7	2,63	178,0	

A l'exception de quelques cas où la forte charge des soupapes ou bien la grande vitesse imprimée au convoi a fait ressortir un travail supérieur à 200 chevaux, le maximum du travail utile sur les pistons s'est élevé à 180 chevaux environ.

Ce résultat est d'accord avec la résistance totale développée par le train, comme on pourrait le vérifier au moyen des expériences dynamomètriques que nous rapporterons plus loin.

De la résistance derrière le piston.

Les tableaux VII et VIII font voir, en comparant les pressions motrice et résistante moyennes et absolues, que la dernière est égale aux 5o/100ᵉˢ et dans le cas le plus favorable après la suppression du recouvrement intérieur aux 47/100ᵉˢ de la première. La pression atmosphérique entre pour une portion très-importante dans la valeur totale de la résistance, mais en la défalquant et comparant entre elles les pressions effectives, on trouve que la résistance développée par la vapeur derrière le piston contre-balance encore une portion considérable de la puissance. En reproduisant sous une autre forme les éléments du tableau VIII, on met ce fait complétement en évidence.

TABLEAU X.

Numéros des diagrammes.	Vitesses en kilomètres.	Pression motrice utile.	Pression résistante effective.	Rapport des deux pressions.	Observations.
58	60,7	2,08	0,99	0,48	Pression résistante moyenne 0ᵏ953.
59	51,2	2,57	1,06	0,41	
60	49,3	2,23	1,20	0,53	
61	43,6	2,74	1,53	0,55	
62	37,9	2,99	1,27	0,42	Rapport moyen 0,425.
63	37,9	1,81	0,64	0,35	
64	45,4	2,18	0,83	0,38	
65	51,2	1,94	0,65	0,33	
66	47,4	2,11	0,71	0,33	
67	47,4	1,80	0,63	0,35	
68	37,9	2,18	1,09	0,50	
69	43,6	1,67	0,69	0,41	
70	47,4	2,25	1,11	0,49	

Pour l'ensemble de ces expériences la pression résistante moyenne contre le piston, pendant sa marche rétrograde, a été égale à 42,5 p. o/o de la pression motrice utile, c'est-à-dire que si, par un moyen quelconque, on était arrivé à détruire entièrement cette résistance, outes choses égales d'ailleurs, on aurait pu augmenter de 42,5 p. o/o le travail utile de la vapeur sur les pistons. Si nous avions pris pour point de départ les expériences du tableau n° VII, nous serions arrivés à un chiffre encore plus élevé. Nous avons dû rechercher à quelles causes il fallait attribuer un tel résultat. Un premier élément de cette résistance est la contre-pression produite par le recouvrement intérieur; lorsque pendant la course rétrograde du piston, la pression effective de la vapeur est nulle, la contre-pression ne donne pas une résistance moyenne supérieure à $0^k,10$ par centimètre carré, lorsqu'on la ramène à la longueur totale de la courbe; dans les circonstances ordinaires l'aire correspondant à la contre-pression est plus grande, parce qu'elle a elle-même pour point de départ une pression déjà très-grande, mais sa valeur ramenée à la course totale du piston ne dépasse, dans aucun cas, 0^k20 ou $1/5$ d'atmosphère. Il y a donc encore au moins $4/5^e$ d'atmosphère dont il reste à rendre compte.

Lorsque notre attention s'est trouvée plus particulièrement appelée sur cette question, le tuyau d'échappement ordinaire avait été remplacé par un tuyau à orifice dont le diamètre variait de 100 à 70 millim. Notre appareil à relever des diagrammes avait été démonté, et, depuis cette époque, nous n'avons pas eu l'occasion de refaire des expériences complètes; nous nous bornerons donc à citer, quant à présent, les résultats sommaires des expériences préliminaires que nous avons faites à ce sujet, suffisantes du reste pour résoudre la question.

Nous avons commencé par mettre un manomètre à mercure en communication avec l'extrémité supérieure du tuyau d'échappement, et nous avons constaté ainsi des pressions moyennes variant de 6 à 11 centim. de mercure, suivant la dimension de l'orifice d'échappement. Nous avons ensuite introduit l'extrémité du tube communiquant avec le manomètre jusque dans la lumière d'échappement *sous le tiroir lui-même*, et nous avons vu varier la pression moyenne de 8 à 17 centim., suivant que la tuyère était plus ou moins ouverte. Nous ferons remarquer que cette pression accusée par le manomètre à mercure est une moyenne par rapport *au temps*, tandis que la résistance contre le piston, déduite des diagrammes, est une moyenne par rapport *à la course* du piston, et que le maximum de cette pression résistante a lieu aux extrémités de la course lorsque le piston va de plus en plus lentement pour changer ensuite le sens de sa marche. Le maximum de la pression, dans la lumière d'échappement, correspond évidemment aux mêmes périodes de la course du piston, et par suite si nous avions mesuré cette pression directement avec l'indicateur, nous aurions trouvé des chiffres plus faibles encore pour sa valeur moyenne.

Nous n'hésiterons donc pas à admettre qu'à une pression résistante sur le piston égale à 1 atmosphère, correspond dans la lumière d'échappement, sous le tiroir, une pression égale au plus à 15 centim. de mercure, soit 1/5 d'atmosphère. En ajoutant cette fraction de 1/5 au maximum, à celle de 1/5 que nous avons admise pour la portion de la résistance totale due à la contre-pression, il nous restera 3/5 d'atmosphère dont l'emploi n'est pas justifié. Nous n'hésitons pas non plus à attribuer cette résistance considérable au passage de la vapeur dans les lumières lorsqu'elle s'échappe.

En effet, si l'on se reporte au tableau n° III, on voit, lorsque la machine est conduite par un mécanicien qui tient le niveau de l'eau élevé dans sa chaudière, la différence de pression de la vapeur entre la boîte des tiroirs et le cylindre s'élever en moyenne à près de 10 p. o/o, soit, pour de la vapeur à 5 atmosphères absolues, à 1/2 atmosphère; il n'est donc pas étonnant qu'à l'échappement, lorsque le volume de la vapeur est doublé par suite de sa diminution de densité, et que cette vapeur, chargée d'eau entraînée ou condensée, traverse une lumière étroite, qui a été réchauffée pendant l'admission et dans laquelle peut avoir lieu une nouvelle vaporisation des gouttelettes d'eau liquide, il se produise une résistance équivalente à 3/5 d'atmosphère.

En adoptant les chiffres moyens auxquels nous sommes arrivés, on peut évaluer en chevaux-vapeur le travail moteur ou résistant de la vapeur dans les différentes phases de son action; c'est ce que nous avons fait dans le tableau suivant pour l'expérience n° 59 du tableau n° VIII.

Nombre de tours de roues par 1″.	2,7
Vitesse en kilomètres à l'heure.	51,2
Pression motrice effective.	3^k,63
Pression résistante effective.	1,06
Travail moteur total.	301^{chev},6
Travail résistant total.	88,1

Travail utile sur le piston. 2 1 3,5
Travail résistant dû à la contre-pression.   16,6
—   au passage des lumières.   54,9
—   à l'échappement.   16,6

Cet exemple, dans lequel nous sommes certainement resté au-dessous de la vérité, pour ce qui concerne la résistance développée au passage des lumières, bien qu'il soit spécial à la machine *la Gironde*, montre quel intérêt il y aurait pour l'augmentation de puissance des machines et pour l'économie de combustible, à adopter des dispositions propres à faciliter l'échappement de la vapeur.

La disposition qui nous paraît la plus convenable consisterait à séparer, comme on le fait maintenant dans les machines fixes les plus perfectionnées, les orifices d'échappement des orifices d'admission, et à profiter de cette séparation pour augmenter la section des lumières d'échappement et diminuer la longueur des conduits qui font communiquer les unes et les autres au cylindre, en les plaçant plus près des extrémités.

On obtiendrait à la fois une diminution dans la perte de pression qui s'opère pendant l'admission, et on arriverait très-probablement à réduire la pression résistante derrière le piston, à celle qui est strictement nécessaire pour produire le tirage. L'échappement de la vapeur, plus brusque, imprimerait en outre une activité plus grande à la combustion, ainsi que nous l'avons observé lorsque nous avons supprimé le recouvrement intérieur, ce qui permettrait d'augmenter encore le diamètre de l'orifice de la tuyère. Nous pensons que l'étude de cette question mérite toute l'attention des constructeurs.

L'avantage de la détente prolongée de la vapeur dans les machines à expansion variable, produite au moyen d'un second tiroir, ne consiste pas seulement dans un meilleur emploi de la vapeur, il résulte encore en partie de la diminution de la résistance derrière le piston, la quantité de vapeur à évacuer étant elle-même moins considérable.

De la résistance au mouvement.

Les diagrammes obtenus au moyen de l'indicateur nous donnent le moyen de constater la valeur totale des résistances qui doivent être surmontées par l'action de la vapeur sur les pistons. Cette valeur se déduit de l'équation du mouvement uniforme, exprimant la relation d'égalité qui existe entre le travail moteur de la vapeur dans les cylindres et le travail résistant du convoi tout entier; ce travail résistant peut être représenté par une force unique appliquée au convoi, parallèlement à l'axe du chemin et en sens contraire de la marche, multipliée par l'espace parcouru. Soit F, cette résistance totale,

f la résistance par tonne brute du convoi,

A le poids brut de ce convoi,

g la composante de la gravité parallèlement à l'axe de la voie, exprimée en kilogrammes et par tonne brute,

D le diamètre des roues motrices,

d le diamètre des cylindres,

l la course des pistons,

P—p la pression motrice utile dont la valeur est donnée par la 9ᵉ colonne du tableau VII,

n le nombre de tours des roues motrices par 1″; l'équation du mouvement uniforme sera :

$$n \pi d^2 l \,(P-p) = n \pi D F$$

$$\text{d'où } F = \frac{d^2 l}{D}(P-p)$$

$$\text{et } f = \frac{F}{A} - g \ (1)$$

Pour appliquer cette formule, nous avons supposé, ainsi que l'examen du règlement de la distribution nous autorisait à le faire, que le travail de la vapeur était le même sur chaque face d'un même piston, et le même pour chaque cylindre.

Elle nous a servi a donner le tableau XI, dans lequel nous avons fait entrer la plupart des expériences consignées dans le tableau VII.

(1) Lorsque l'inclinaison du chemin, au lieu d'être exprimée en fraction ayant pour numérateur l'unité, est exprimée en millièmes ou en millimètres par mètre, le même nombre mesure indifféremment la gravité ou l'inclinaison.

TABLEAU XI.

Numéros des expériences (T. VII).	Vitesses		Nombre de voitures remorquées.	Poids brut du convoi.	Inclinais. de la voie.		Résistance totale du convoi brut (F).	Résistance par tonne brute, la gravité déduite (f)	Observations.
	en kilomèt. à l'heure.	en mètres par seconde.			Montante.	Descendante.			
	km.	mèt.	voit.	tonnes	mill.		kg.	kg.	
4	37,9	10,6	9	77,5	5	»	1308,7	11,88	
5	39,8	11,1	9	77,5	5	»	1368,0	12,65	Courbe de 800ᵐ de rayon.
6	45,4	12,3	9	77,5	1	»	897,5	10,58	
10	45,4	12,3	4	47,5	»	1	573,3	13,06	Vent modéré.
11	47,4	13,2	4	46,0	1	»	703,8	14,30	id.
12	47,4	13,2	4	47,0	»	1	593,1	13,61	
13	51,2	14,2	4	46,5	5	»	711,7	10,30	
14	41,7	11,6	6	53,5	1	»	517,9	8,69	Vent faible.
15	45,4	12,3	6	55,0	1	»	593,1	9,78	Vent de bout assez fort.
16	51,2	14,2	6	55,0	»	1	640,5	12,64	Vent faible.
17	45,4	12,3	6	54,5	5	»	889,6	11,32	Vent de bout faible.
18	41,7	11,6	6	53,5	5	»	854,0	10,96	Vent faible.
19	47,4	13,2	6	55,5	5	»	933,1	11,81	Courbe de 800ᵐ.
20	37,9	10,6	6	55,5	5	»	814,5	9,67	Vent faible.
21	43,6	12,1	6	57,0	»	1	486,3	9,53	
22	45,4	12,3	6	56,0	5	»	885,6	10,81	Courbe de 800ᵐ de rayon vent N.-E. très-fort.
23	51,2	14,2	6	55,0	5	»	711,7	7,92	Vent arrière.
24	49,3	13,7	6	57,0	»	1	660,5	12,58	Vent de côté.
25	49,3	13,7	6	56,5	5	»	743,3	8,15	Vent arrière.
27	36,0	10,0	6	51,5	5	»	549,6	5,48	Vent N.-E. fort, arrière.
28	45,4	12,3	6	58,5	5	»	960,8	11,42	
29	37,9	10,6	6	59,0	5	»	842,1	9,27	
30	26,5	7,4	6	58,5	5	»	735,4	7,57	Courbe de 800ᵐ de rayon.
31	18,9	5,3	6	59,0	5	»	755,2	7,80	Vent d'O. fort, de bout.
34	41,7	11,6	12	67,0	5	»	1095,2	11,34	Moellonnières vides.
35	22,7	6,3	»	26,0	»	»	296,5	11,40	Machine et tender seuls.
36	34,1	9,5	»	26,0	5	»	438,9	11,87	id.
38	45,4	12,3	6	57,5	5	»	956,8	11,64	Courbe de 800ᵐ de rayon.
39	45,4	12,3	6	57,5	5	»	921,2	11,02	
40	45,4	12,3	6	59,0	»	1	585,1	10,91	
41	43,6	12,1	6	58,5	5	»	960,8	11,42	Vent d'O.
42	36,0	10,0	9	72,5	5	»	1071,5	9,78	id. Courbe de 800ᵐ de ray.
43	37,9	10,6	9	72,0	5	»	1016,1	9,11	id.
44	43,6	12,1	9	72,5	5	»	948,9	8,08	id.
45	37,9	10,6	9	72,5	5	»	1000,3	8,79	id.
46	47,4	13,2	9	71,0	1	»	743,3	11,47	id.
47	43,6	12,1	9	72,5	5	»	1016,1	9,01	id.
48	39,8	11,1	9	72,5	5	»	1031,9	9,23	id.
50	45,4	12,3	10	68,0	1	»	608,9	9,95	

La résistance totale se compose d'éléments très-divers : 1° le frottement de glissement des fusées sur les coussinets; 2° le frottement de roulement sur les rails; 3° le frottement de glissement des roues sur les rails résultant, en ligne droite, du mouvement serpentant des voitures, dans les courbes du parallélisme des essieux, et de l'insuffisance de la conicité des roues dans les courbes du petit rayon, du choc des roues sur les rails au passage des joints de l'action d'un vent oblique ou de côté; 4° la résistance de l'air modifiée dans ses effets par la direction et l'intensité du vent; 5° le frottement propre des organes de la machine; 6° la gravité.

Chacun de ces éléments est essentiellement variable par l'effet de causes tout à fait indépendantes les unes des autres; le frottement dans les boîtes à graisse varie avec le degré d'usure des fusées et des coussinets, avec la nature des graisses, avec la température qui rend celles-ci plus ou moins fluides, une fusée qui chauffe suffit souvent pour ralentir sensiblement la marche; le frottement de roulement des roues sur les rails dépend de la nature des substances en contact, de l'état d'entretien des bandages et des rails; les frottements de glissement accidentels des roues sur les rails dépendent du tracé du chemin, du jeu de la voie, de la forme et du degré d'usure des roues, du montage des voitures, de la nature particulière de l'attelage et du soin avec lequel les voitures sont attachées les unes aux autres dans chaque train, de la direction et de l'intensité du vent, de la vitesse même du train, du système de construction de la voie, de son état d'entretien, etc. La résistance de l'air dépend du nombre, de la forme, et de l'espacement des voitures, de la vitesse du train, de la direction et de l'intensité du vent, de la configuration du terrain et des abris qu'il peut former; cette résistance peut devenir nulle lorsque la direction du vent et sa vitesse sont telles que la masse d'air se déplace avec le convoi, et l'expérience apprend qu'elle peut doubler la résistance totale éprouvée pour un convoi, à tel point que deux machines ont quelquefois de la difficulté à remorquer un train dont une seule machine fait le service dans les circonstances ordinaires; le frottement propre des organes de la machine dépend du degré de serrage des clavettes, pistons, boîtes à étoupes, du soin avec lequel le mécanicien entretient le graissage; il dépend en même temps de l'effort de traction.

On conçoit qu'en présence de causes de variation aussi multipliées, il y ait de grandes différences dans la valeur des coefficients de résistance compris dans la 9ᵉ colonne du tableau précédent.

Nous ne chercherons donc pas à déduire une loi de ces résultats, et nous nous contenterons de présenter ici la moyenne des expériences qui rentrent dans les conditions ordinaires de la pratique, et de signaler quelques faits particuliers.

L'ensemble des expériences, dans lesquelles la vitesse du convoi a été égale ou supérieure à 36 kilom. à l'heure, donne pour la vitesse moyenne. . . . . $44^{km},0$

Pour la résistance moyenne. . . . . $10^{kg},5$

Le passage des convois dans des courbes de petit rayon, doit nécessairement accroître les résistances en augmentant le terme relatif aux frottements de glissements accidentels, mais cette augmentation d'une partie de la résistance n'exerce qu'une assez faible influence sur le total.

Tous les diagrammes relevés dans une courbe de 800 mètres située dans le parc de Saint-Cloud donnent, lorsqu'on les combine ensemble, pour une vitesse moyenne de. . . . . 44^{km}

une résistance moyenne de. . . . . $11^{kg},2$

Pour une même vitesse l'augmentation de résistance est seulement de 6,6 p. o/o.

Les résultats des expériences faites le 19 mars sur des trains semblables, et comprises sur les nᵒˢ 22 à 27 inclusivement, font voir comment l'influence du vent peut modifier la valeur des résistances. Nous les reproduisons ici par ordre de grandeur des valeurs de f.

Numéros d'ordre.	Vitesses.	Résistance par tonne brute.	Action du vent.
	km.	kg.	
24	49,3	12,58	Vent de côté sur le remblai d'Asnières.
22	45,4	10,81	A l'abri du vent dans le parc de Saint-Cloud.
25	49,3	8,15	Vent arrière.
23	51,2	7,92	Vent arrière.
27	36,0	5,48	Vent arrière et vitesse modérée.

Ces résultats ne permettent d'apprécier que la résistance totale d'un convoi ordinaire du chemin de fer de Versailles, rive droite; nous nous étions proposé d'appliquer à la mesure simultanée des résistances propres du train remorqué et du train brut, un dynamomètre intercalé entre le tender et la première voiture, et en même temps l'indicateur de Watt donnant la valeur du travail effectué sur le piston par la vapeur et par suite la résistance brute, ce qui nous aurait fourni le moyen de déterminer l'importance des frottements additionnels qui se développent dans une machine chargée. Diverses circonstances nous ayant empêché de donner suite à ce projet, nous nous contenterons de donner ici les résultats d'expériences préliminaires que nous avons faites dans le but de nous familiariser avec l'usage du dynamomètre; les mesures d'efforts de traction, sur les trains à grande vitesse, étant jusqu'ici peu nombreuses, ces résultats ne seront peut-être pas entièrement dépourvus d'intérêt. Les n°s 1 à 5 de la planche III sont la reproduction exacte de plusieurs portions de diagrammes relevés avec un dynamomètre à style traceur, que M. Morin a bien voulu mettre à notre disposition.

Chaque centimètre de flexion du ressort correspond à un effort de traction de 27 kilogrammes.

En réunissant, dans le tableau B, les données de ces expériences, nous avons séparé celles qui correspondent à une accélération marquée de mouvement du train.

TABLEAU XII.

Numéro des expériences.	Date.	Vitesses en mètres par seconde.	Nombre de voitures remorq.	Poids des trains remorqués.	Résistance totale du train remorqué.	Résistance par tonne remorquée, la gravité déduite.	Observations.
				MOUVEMENT UNIFORME.			
		m.	voit.	tonnes	kg.	kg.	
1	28 sept.	14,3	8	46,0	508	6,0	Beau temps. Vent nul.
2	*id.*	14,3	8	46,0	518	6,3	*id.* *id.*
3	*id.*	10,3	8	46,0	391	3,5	*id.* *id.*
4	*id.*	12,7	8	44,0	551	7,5	*id.* Vent léger.
5	*id.*	14,3	8	44,0	521	6,7	*id.* *id.*
6	21 nov.	15,8	5	20,5	259	7,6	*id.* Vent nul.
7	*id.*	15,8	5	20,5	270	8,1	*id.* *id.*
8	*id.*	15,4	6	25,0	342	8,7	*id.* *id.*
9	25 nov.	12,7	8	41,0	484	6,3	*id.* *id.*
10	*id.*	11,1	8	41,0	396	4,7	*id.* *id.*
11	*id.*	10,6	8	41,0	370	4,0	*id.* *id.*
				MOUVEMENT ACCÉLÉRÉ.			
12	28 sept.	10,6	8	46,0	715	10,5	Beau temps. Vent nul.
13	*id.*	13,3	8	46,0	599	8,0	*id.* *id.*
14	*id.*	13,8	8	46,0	578	7,6	*id.* *id.*
15	*id.*	13,3	8	46,0	594	7,9	*id.* *id.*
16	*id.*	8,5	8	46,0	534	6,6	*id.* *id.*
17	*id.*	11,4	8	44,0	607	8,8	*id.* Vent léger.
18	*id.*	13,3	8	44,0	653	9,8	*id.* *id.*
19	21 nov.	14,4	5	20,5	338	11,5	*id.* Vent nul.
20	25 nov.	12,2	8	41,0	506	7,3	*id.* *id.*
21	*id.*	10,6	8	41,0	484	6,8	*id.* *id.*

Indépendamment des causes de variations qui doivent affecter le coefficient de résistance du train, on voit, dans la première partie du tableau, la vitesse de translation augmenter rapidement l'effort de traction. En groupant ces résultats par ordre de vitesses, et n'ayant égard qu'aux moyennes, on peut rendre ce fait bien saillant.

Vitesses moyennes		Limites de vitesse en mètres par seconde.	Résistance moyenne du train remorqué.
en mètres par seconde.	en kilomètres à l'heure.		
m.	km.	m. m.	kg.
10,66	38,38	10,3 à 11,1	4,06
13,66	49,17	12,7 à 14,3	6,56
15,66	56,37	15,4 à 15,8	8,13

Une augmentation de 5o p. o/o de la vitesse a suffi, dans les circonstances où nous avons opéré, pour doubler la résistance du train remorqué.

En rapprochant ces résultats des valeurs de la résistance totale du convoi, machine comprise, on voit que dans cette résistance les frottements additionnels doivent entrer pour une part très-importante, indépendamment de l'action exercée sur la partie antérieure de la machine, par la masse d'air qu'elle divise pour frayer le passage du train.

Nous nous abstiendrons toutefois, en l'absence d'expériences suffisamment multipliées, d'insister sur ce point et de chercher à donner une mesure de ces frottements; nous nous contenterons, comme nous avons dû le faire déjà pour la plupart de nos recherches, d'en indiquer les résultats sans chercher à en tirer des conséquences et à les généraliser.

En terminant cet exposé des expériences que nous avons faites en commun, nous rappellerons que nous avons eu pour but principal de faire connaître des faits certainement incomplets et insuffisans pour en tirer des conséquences générales, mais qui seront encore, nous l'espérons, de quelque intérêt pour les praticiens; nous rappellerons aussi que les devoirs des services différents qui nous sont confiés, et surtout la nécessité de ne rien changer aux habitudes d'une exploitation aussi active que celle des chemins de la rive droite, nous ont empêchés de donner à ces recherches toute la suite qu'elles réclamaient; nous croirons cependant qu'elles auront pour résultat utile

de démontrer qu'il est possible de mesurer avec une exactitude suffisante pour la pratique tous les éléments du travail de la vapeur dans
les machines locomotives, et nous serons heureux si d'autres ingé-
nieurs, placés dans des conditions plus favorables, peuvent épuiser
complétement un sujet que nous n'avons fait qu'effleurer.

Paris, le 15 décembre 1844.

LÉGENDE.

Pl. I. N°s 7, 11, 14, 15.
   II.   18, 19, 20, 31.   Les données d'expérience, correspondant à chacun de ces
   III.   32, 34, 35, 36.   diagrammes, sont fournies sous les mêmes numéros par les
   IV.   42, 58, 60, 61.   tableaux VII, VIII, IX, X et XI.
   V.   62, 63.

V. *A*. Diagramme obtenu en renversant la vapeur, le régulateur incomplétement
     ouvert.
V. N°s 1.   Diagrammes des tensions du dynamomètre. Les données d'ex-
VI.   2, 3, 6.   périence sont fournies par le tableau XII.
VI. *A*. Diagramme de tension dynamométrique, relevé en démarrant avec 9 voitures.

Pression dans la chaudière. ———— Pression dans le cylindre. ———— Pression atmosphérique. ———— Pression dans le cylindre en démarrant. 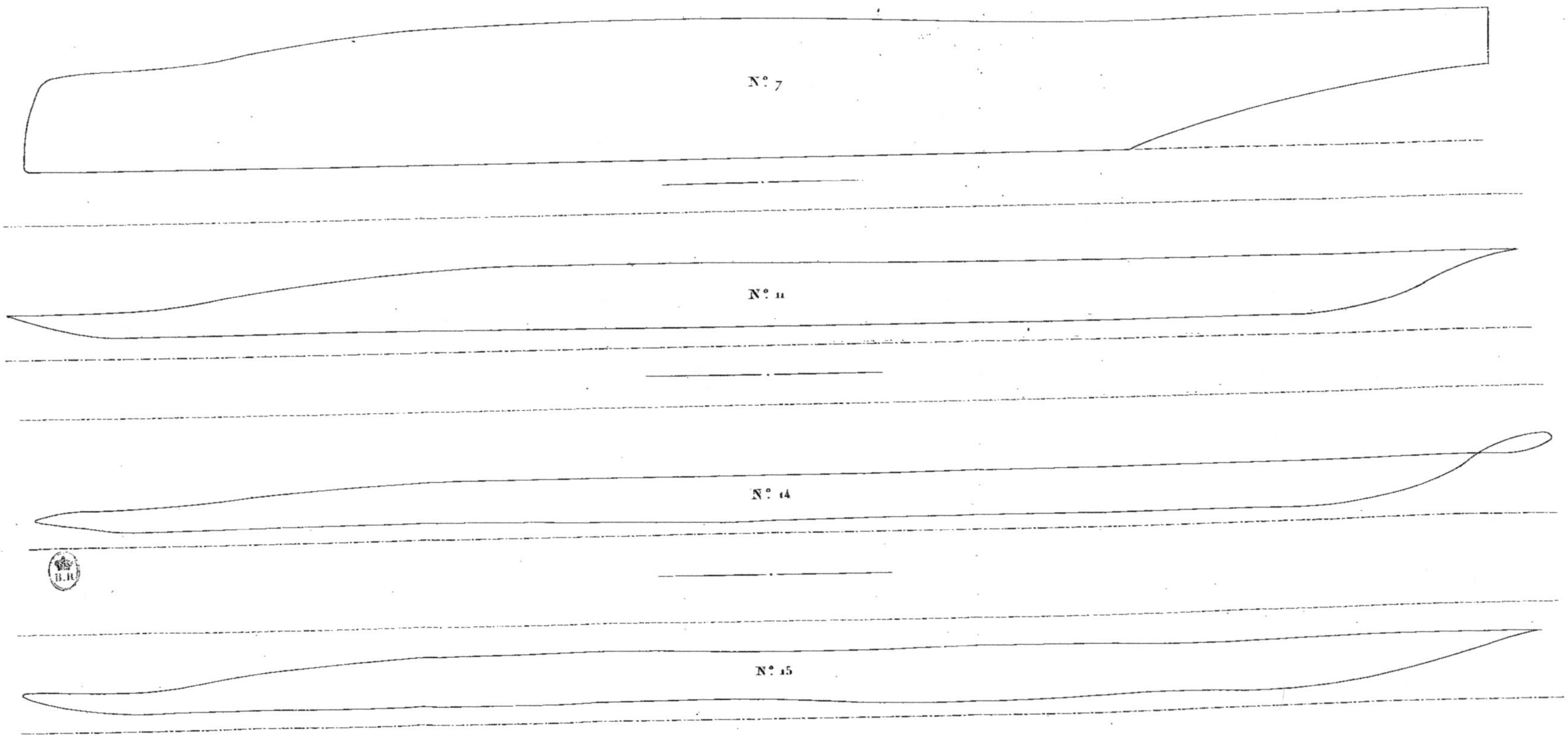
Pl. I
N.° 7
N.° 11
N.° 14
N.° 15

N.° 18

N.° 19

N.° 20

N.° 31

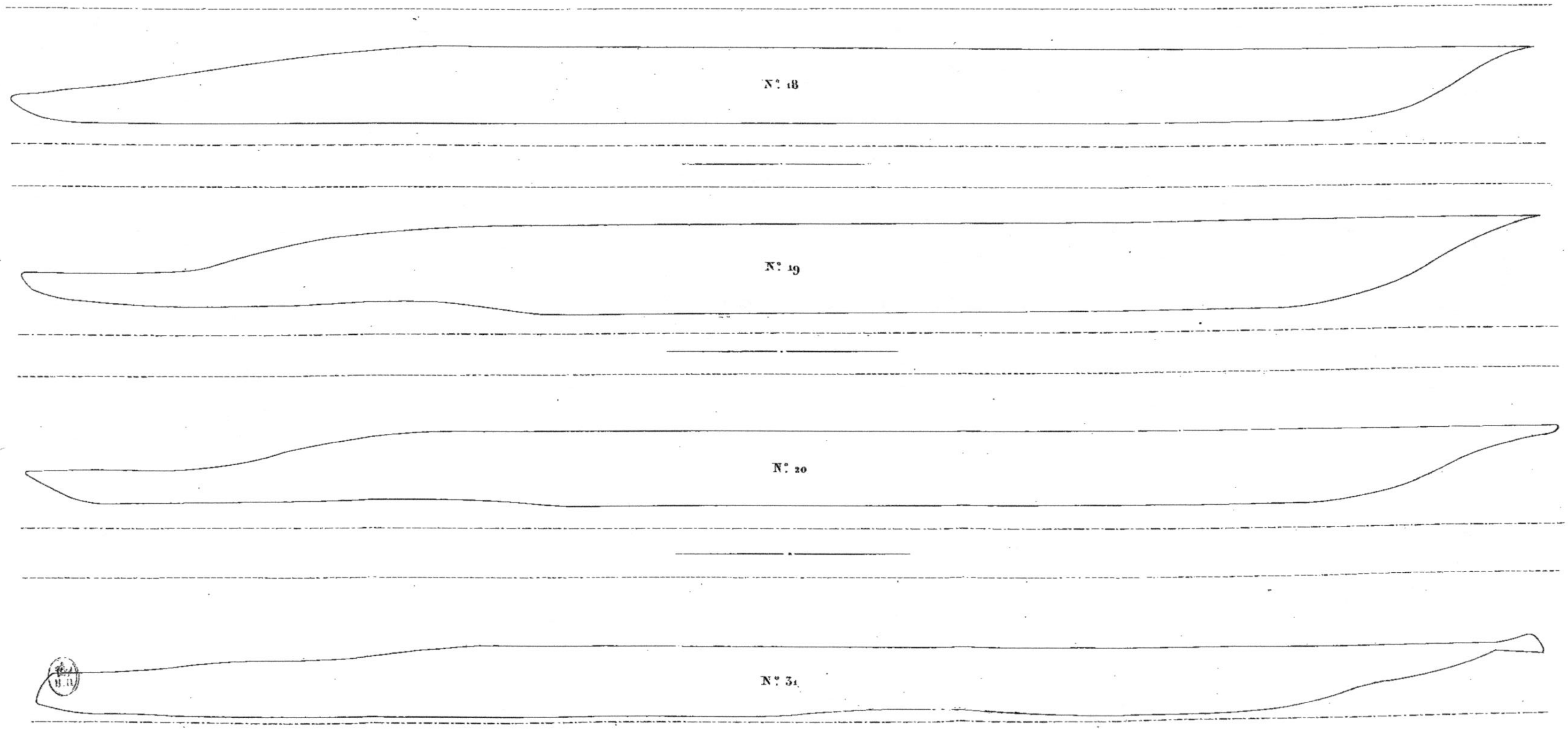

N.º 32

N.º 34

N.º 35

N.º 36

Pl. IV
N.° 42
N.° 58
N.° 60
N.° 61

N.° 62

N.° 63

A

N.° 1

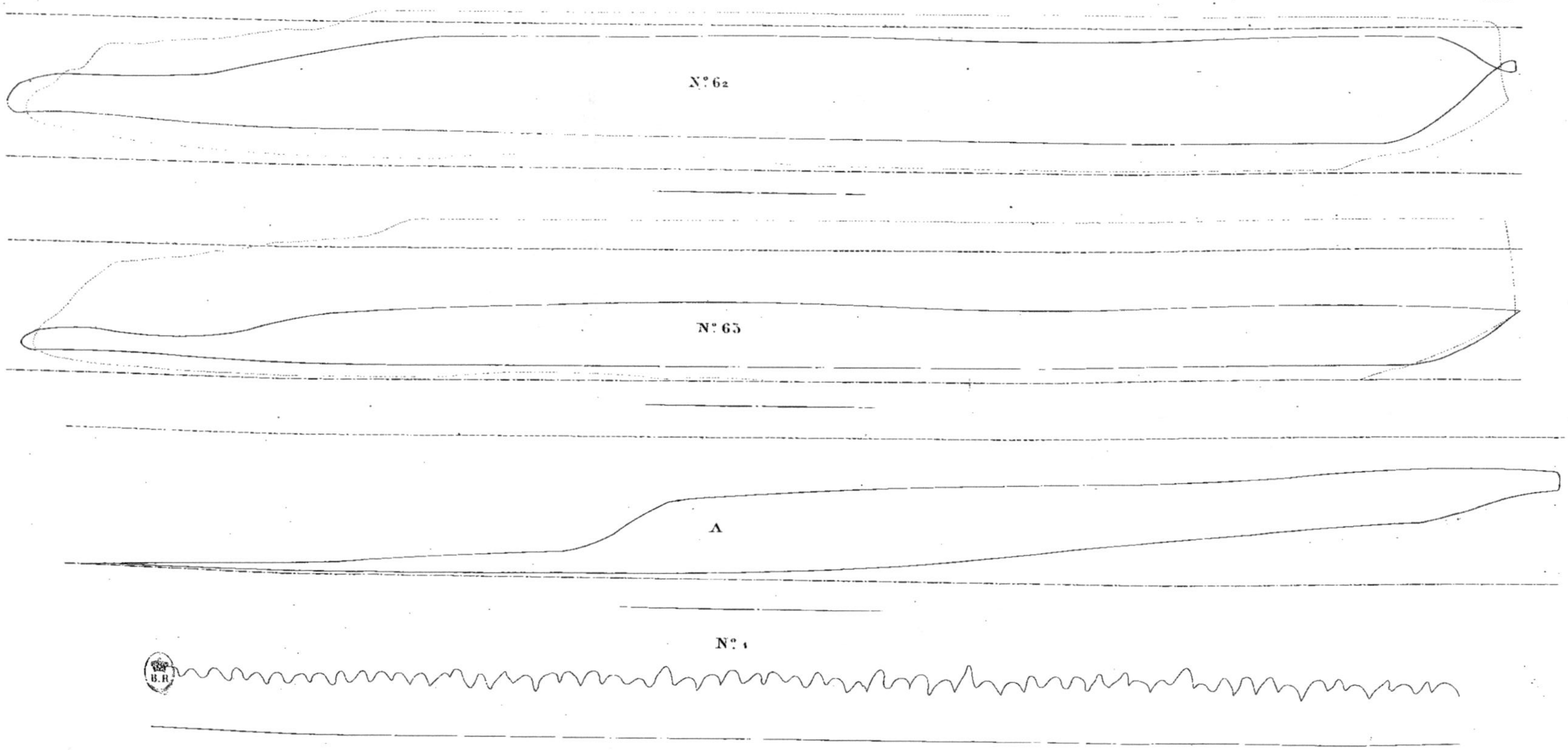

N.° 2

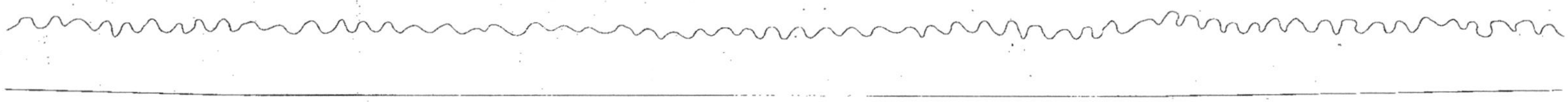

N.° 3

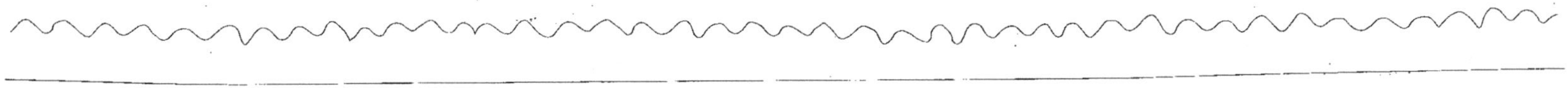

N.° 6

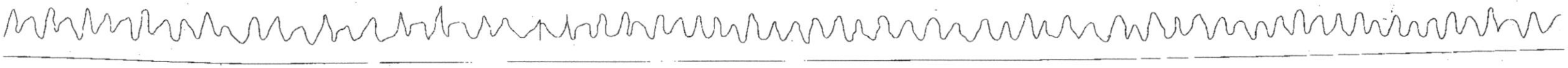

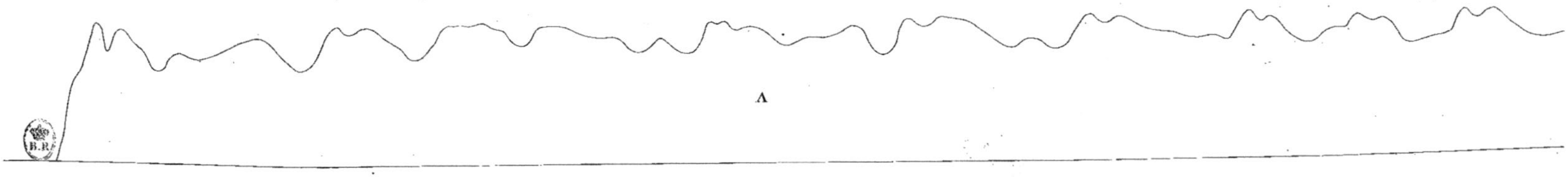

A

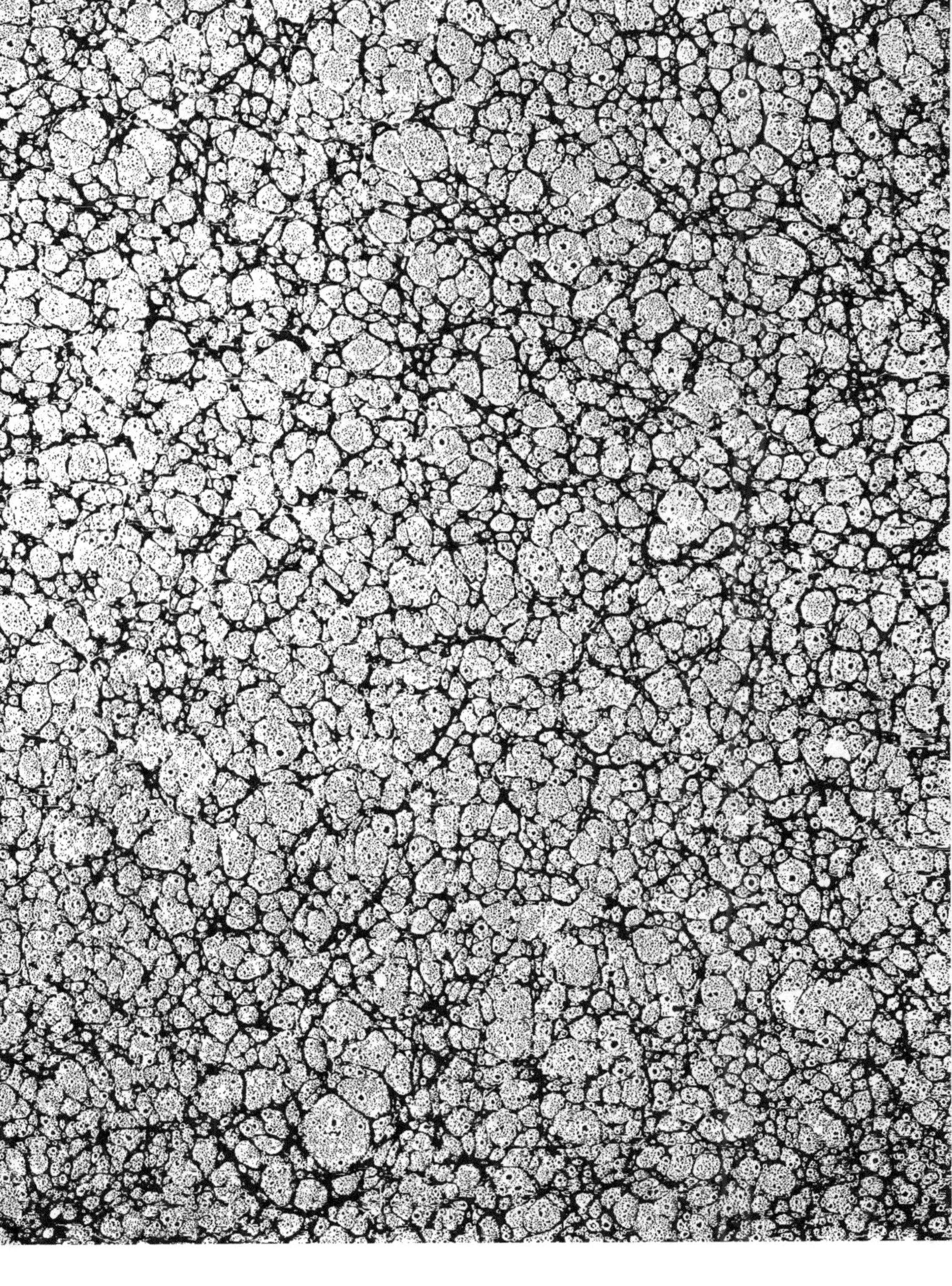

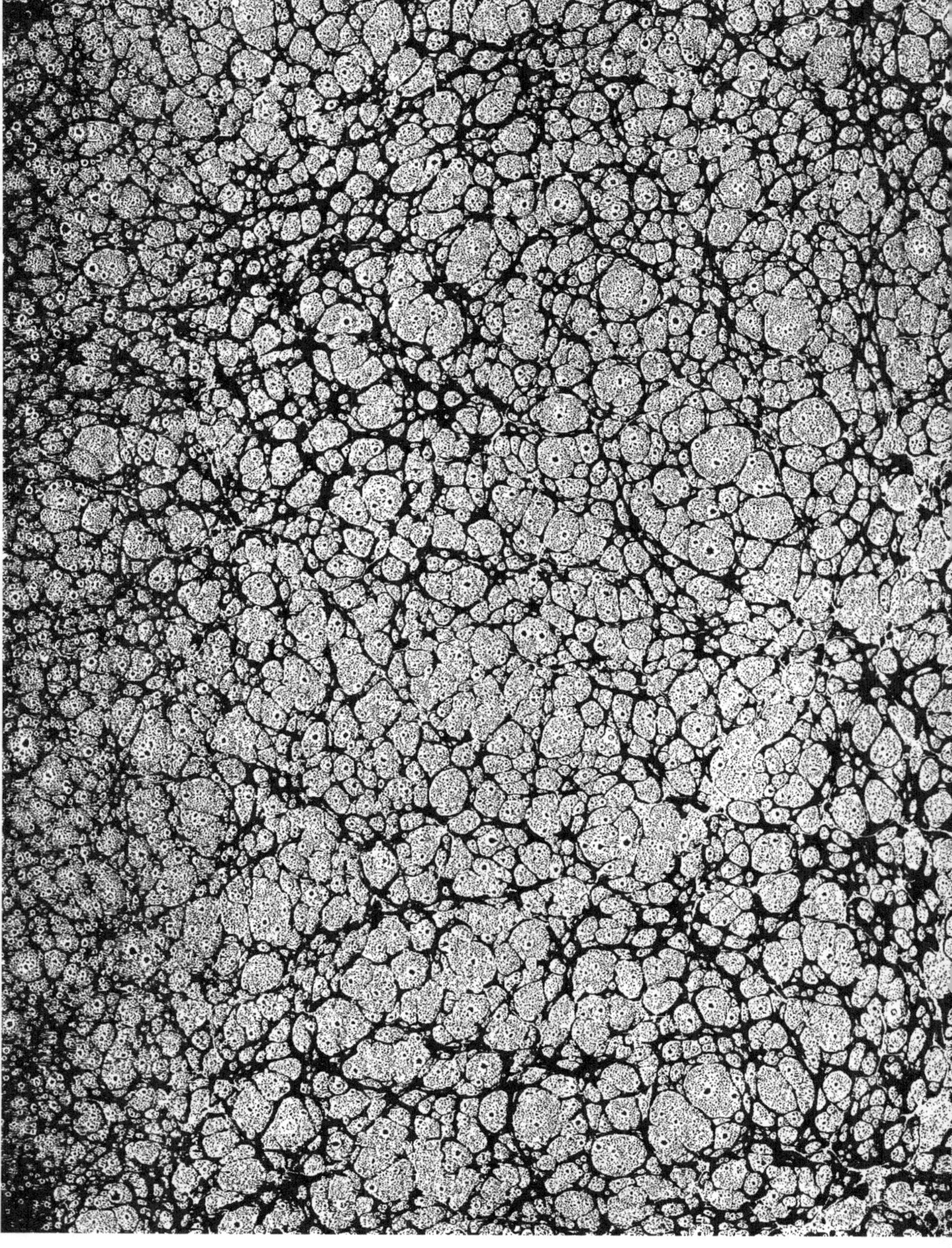

www.ingramcontent.com/pod-product-compliance
Lightning Source LLC
Chambersburg PA
CBHW051250030726
47595CB00003B/1169